Simone Stein · Gesundheit aus Glauben und Natur

Simone Stein

Gesundheit aus Glauben und Natur

Die Schutzpatrone der Kranken,
Heilkräuter und Naturrezepte

DELPHIN VERLAG

Die Farbfotos stammen von Dr. Wilfried Bahnmüller, Geretsried

Umschlaggestaltung: Christa Manner, München
Umschlagfoto: Frank M. Mächler
Satz: IBV Satz- und Datentechnik GmbH, Berlin
Druck und Bindung: Mohndruck, Graphische Betriebe GmbH, Gütersloh
Printed in Germany · ISBN 3.7735.5314.5

Inhalt

Teil II: Heilkräuter und Naturrezepte

Vorwort

Niemand bleibt sein ganzes Leben lang von Krankheit und körperlichen Beschwerden verschont. Fast jeder Mensch hat dann das Bedürfnis, sich mit seinen Problemen und Nöten an eine höhere Instanz zu wenden. Wenn man die realen Möglichkeiten der modernen Schulmedizin durchprobiert und deren Grenzen erfahren hat, sucht man Trost und Hilfe jenseits des Offensichtlichen und Sichtbaren. So flüchtet auch der Mensch des zwanzigsten Jahrhunderts in Phasen eines bedrohlichen Krankheitsfalles, aber auch bei chronischen Leiden und dunklen Ängsten, mehr denn je zum Gebet und in den Glauben an die Kraft des Wunders. Und so hat schon der heilige Augustinus gebetet:

Krank bin ich und bedarf eines Arztes,
blind bin ich und suche das Licht,
tot bin ich und sehne mich nach dem Leben.
Du bist der Arzt, das Licht und das Leben:
Jesus von Nazaret, erbarme Dich meiner!
Sohn Davids, erbarme Dich meiner!
Du Quell des Erbarmens,
erhöre den Kranken, der zu Dir ruft;
Du Licht, das vorbeizieht,
erhöre den Blinden und reiche ihm die Hand,
damit er zu Dir gelange
und in Deinem Licht das wahre Licht erkenne.
Du bist Leben ohne Ende,
erwecke den Toten zu neuem Leben.

Vielleicht erinnern Sie sich in einer solchen Stunde daran, daß noch unsere Eltern und Großeltern für viele Gelegenheiten einen

Nothelfer zitierten. Ob es nun darum ging, verlorene Gegenstände wiederzufinden oder üble Nachrede abzuwehren – der Name eines Heiligen war ihnen für fast jeden Anlaß geläufig. Noch enger war das Verhältnis zu den sogenannten Nothelfern, wenn man sich von Krankheit oder gar Tod bedroht fühlte. Denn seit jeher existiert zwischen einem hilfesuchenden Kranken und dem Heiligen, der für sein Leiden als Schutzpatron gilt, eine besondere, von Vertrauen getragene Beziehung.

Wer aber sind die Heiligen, die sich unserer Ängste und Nöte so bereitwillig annehmen? Wie kommen die verschiedenen Schutzpatrone zu ihrem Auftrag? Welche Eigenschaften sind es, die aus einem frommen Menschen einen Heiligen machen?

Spürt man dem Lebensweg solcher Menschen nach, so enthüllt jeder einzelne nicht nur interessante historische Tatsachen, sondern auch einen faszinierenden religiösen Gehalt. Wir treffen Menschen, für die das Christentum nicht eine Lebensform unter anderen war, sondern die von der tiefen Wahrheit dieser Religion ganz durchdrungen waren. Der Glaube, die tiefinnerste Überzeugung, war für sie wichtiger als die Luft, die sie atmeten. Zwar sind auch die Heiligen mit menschlichen Fehlern und Schwächen behaftet. Aber sie wurden mit diesen Schwächen ebenso fertig wie mit den Härten und Widersprüchen des Lebens. Das ist das Beispielhafte an ihnen, das auch den Menschen der Gegenwart beeindruckt, und deshalb wurden sie schließlich auch heiliggesprochen. Sie kündeten durch ihre Worte, ihre Taten, ja durch ihre ganze Lebensführung die Botschaft Christi. Und sie waren bereit, dieser Verkündung alles zu opfern, sogar ihr Leben. Wenn auch für die Herausstellung eines Krankheitspatronates Volksglaube und Legende oft kräftig mitwirkten, bleibt es doch unbestritten, daß alle Heiligen aus der Kraft ihres Glaubens heraus Unvorstellbares leisteten. Hier liegt die Ursache dafür, daß sich diese Lebensbeschreibungen mit wissenschaftlichen Mitteln nie ganz überprüfen lassen und daß viele der geschilderten Ereignisse psychologisch nicht nachvollziehbar sind. Vieles an den einzelnen Heiligen bleibt unfaßbar für den menschlichen Hausverstand. Dennoch ist es gerade diese Seite ihres Wesens, die uns den Mut gibt, zu ihnen zu beten, sie um ihre Fürsprache zu bitten, ihnen als verständnisvolle Helfer in schwerer Not unseren Lebensbereich zu öffnen.

Schon der Vorbildcharakter mancher Lebensgeschichte ist dazu geeignet, Trost und Hilfe zu spenden. Denn so manche bewegende Biographie bringt es uns zu Bewußtsein, daß wir mit unseren Ängsten und Bedürfnissen nicht allein stehen und nicht allein fertig werden müssen. Die Heiligen, die uns beizustehen bereit sind, kommen aus allen sozialen Schichten. Sie gehören allen Altersstufen und Bildungsgraden an, und sie wurden nicht als Heilige geboren. Zumeist wurden sie erst nach langem Ringen, nach schweren inneren Kämpfen und Überwindungen zu jenen Auserwählten, zu denen wir um Anleitung und Hilfe flehen.

Das radikale Aufklärertum hat Schranken errichtet, die es dem Menschen der Gegenwart mitunter schwermachen, an das Wunderbare zu glauben und mit dem Irrealen zu rechnen. Dennoch können sich die Motive der Heiligen auch uns erschließen. Man muß nur ohne gedankliche Vorbehalte ihr Leben studieren und geduldig lernen, das Wunderbare als etwas zu begreifen, das zwar außerhalb unserer erklärbaren Realität steht, aber gerade deshalb die Existenz einer höheren Wirklichkeit erkennen läßt.

Hier tauchen natürlich Fragen auf, die sich jeder Mensch irgendwann einmal stellt: Darf man überhaupt an Wunder glauben? Hilft der Glaube heilen? Die Antwort fällt auch in einer Zeit des wissenschaftlichen Rationalismus leicht: Ja, Glauben hilft heilen! Glauben hat mit Fühlen, Spüren und Empfinden zu tun. Das sind Vorgänge, die sich – ebenso wie der Prozeß des Liebens – nicht mit Geräten messen lassen. Nichtsdestotrotz birgt der Glaube eine heilende Kraft in sich.

Wie wichtig für jede Genesung das Ausweiten der Denk- und Hoffnungsmöglichkeiten in jene Dimension ist, die jenseits des Alltäglichen liegt, beweist eine Reihenuntersuchung, die unlängst in den USA durchgeführt wurde: Betende Kranke genasen schneller und hatten weniger Rückfälle als nichtbetende Patienten. Damit wurde eine Theorie bestätigt, der viele Wunderheiler und Medizinmänner ihre Existenz und ihre Erfolge verdanken.

Schließlich ist der Mensch eine Kombination von Körper und

Seele, wobei die Kräfte der Seele nicht zu unterschätzen sind. In der Zeit des wissenschaftlichen Verstandesdenkens wurden diese Bereiche mitunter geleugnet und meist unterdrückt. Gerade in Krisen und in Phasen, in denen die Kräfte des Körpers geschwächt sind, muß man jedoch auf Mittel zurückgreifen, die über das Sicht- und Meßbare hinausgehen.

Was durch Jahrtausende als verbürgt galt und nur in den letzten Jahrzehnten weitgehend ignoriert wurde, haben die modernsten medizinischen Untersuchungen wieder bewiesen: Der Glaube vermag zu heilen. So wie die Liebe ein Gefühl ist, das den Menschen über seine Grenzen hebt und stärkt, so befähigt auch der Glaube zu Leistungen, die sich nicht erklären lassen, wenn man nur die Oberfläche der Dinge betrachtet.

Während Angst und Unsicherheit den von Krankheit geschwächten Körper weiter belasten, weil die Organe mit Krämpfen und Blutleere darauf reagieren, wirkt das Gebet entspannend. Die Hinwendung zu den unsichtbaren Helfern, die in unserem Glauben existieren, löst konkrete organische Reaktionen aus, die an der Heilung mit beteiligt sind: Die Organe entkrampfen sich, der Blutkreislauf stabilisiert sich, die Atmung wird rhythmisch, die Versorgung der Organe mit Lebensnotwendigem funktioniert. Dadurch sind Voraussetzungen geschaffen, unter denen es sowohl den natürlichen Heilpraktiken wie auch den Methoden der Schulmedizin leichter fällt, günstig auf den kranken Körper einzuwirken und den Heilungsprozeß schließlich einzuleiten. Auf diese Weise stärkt das Gebet tatsächlich die körperliche Widerstandskraft und beschleunigt die Genesung.

So wie das Gebet Arznei für die Seele ist, ist die Heilpflanze Arznei für den Körper. Im vollen Vertrauen auf die Kraft von Glauben und Gebet haben Heilige, Mönche und Nonnen die irdischen Heilungsmöglichkeiten nie außer acht gelassen. Sie wußten, wie wichtig es war, nicht nur seelischen Trost zu geben, sondern auch die vielen Krankheiten ihrer Schutzbefohlenen zu lindern. In den alten Klostergärten wurde deshalb so manches heilsame Kraut angepflanzt, das Hilfe und Genesung bei vielen Leiden brachte.

Die Methoden der Arzneiverordnung mögen heute etwas anders sein, aber selbst die moderne Medizin kann ohne die Heilkraft der Natur nicht auskommen. Deshalb werden im zweiten Teil dieses Buches – als sinnvolle Ergänzung – etwa vierzig Heilkräuter und ihre Anwendungsmöglichkeiten bei den verschiedensten Krankheiten vorgestellt.

Teil I:
Die Schutzpatrone der Kranken

Ägidius

1. September

anzurufen bei Stillschwierigkeiten sowie Epilepsie und Aussatz, Gebärmutter- und Ohrenleiden, Krebs

Der heilige Ägidius war der einzige der 14 Nothelfer, der nicht als Märtyrer gestorben ist. Sein wundertätiges Leben machte ihn bei den Mächtigen des Mittelalters ebenso beliebt wie beim Volk. Ägidius stammte aus Athen, wanderte nach Südfrankreich aus und lebte dort als Einsiedler. Er nährte sich von den Kräutern des Waldes und von der Milch einer zahmen Hirschkuh. Als der westgotische König Flavius diese Hirschkuh auf der Jagd verfolgte, schoß ein Schütze nach ihr. Unglücklicherweise traf er aber nicht das Tier, sondern den alten Einsiedler, bei dem es Schutz gesucht hatte. Durch diesen Zwischenfall erfuhr der König von dem gottgeweihten Lebenswandel des frommen Mannes. Er ließ ihn gesundpflegen und errichtete zum Dank für seine Genesung das Kloster St-Gilles, wo der Heilige im Jahr 725 starb.

Auch Karl Martell zollte Ägidius große Verehrung. Er hatte den Heiligen um seine Fürbitte wegen eines großen Frevels angefleht, den er in der Beichte nicht zu bekennen wagte. Die Legende berichtet, daß Ägidius am Morgen nach dem Besuch des Königs in dessen Gegenwart die heilige Messe las, als plötzlich ein Engel vom Himmel kam und auf den Altar einen Zettel legte. Darauf sei die Sünde geschrieben gewesen, aber auch die Verheißung zukünftiger Vergebung – vorausgesetzt allerdings, der König gelobe Bußfertigkeit und Besserung.

Zu den bemerkenswerten Taten, die Ägidius zugeschrieben werden, zählt auch eine Gefangenenbefreiung. Mehrere deutsche Kreuzfahrer wurden von Ungläubigen gefangengenommen, und Ägidius bewirkte deren Befreiung nur durch die Kraft seines Gebetes.

Ägidius galt aber auch als Erntepatron, was sicher mit dem Datum seines Gedenktages zusammenhängt, denn der erste September war ein beliebter Termin für Erntedank- und Kirmesfeste.

Auch als Lostag hatte er für die Herbsternte und -aussaat eine wichtige Bedeutung:

Zu St. Ägid ein schöner Tag,
ich einen schönen Herbst ansag,

hieß es, und die Bauernschaft in vielen europäischen Ländern richtete sich danach.

Die Tatsache, daß der ebenso fromme wie bescheidene Ägidius während seines Einsiedlerdaseins von der Milch einer Hirschkuh gelebt hatte, machte ihn zum Schutzpatron der stillenden Mütter. Zu ihm beteten sie, wenn sie nicht genug Milch zur Ernährung des Neugeborenen hatten oder wenn ihre Kinder Schwierigkeiten beim Trinken hatten. Es galt das ungeschriebene Gesetz, daß eine Mutter ihr Baby nie und nimmer am Festtag des Heiligen entwöhnen darf. Wenn sie dennoch ausgerechnet an diesem Tag abstillte, mußte sie damit rechnen, ein unstetes Geschöpf großzuziehen, da an diesem Tag die Zugvögel ihre Reise in den Süden antraten.

Da Ägidius ein vielseitiger Heiliger war, verleiht er natürlich mehreren Problemen und Krankheiten Schutz und Hilfe. Es wird erzählt, daß er schon in seiner Heimat Athen einen Besessenen von Zuckungen und der Fallsucht geheilt habe und seither Epileptiker bei ihm Zuflucht suchen. Die Legende berichtet auch, daß er Aussatz durch das bloße Auflegen seines Mantels zu heilen vermochte. Kein Wunder also, daß er auch als Nothelfer für eben diese Krankheiten empfohlen wird. Die wundertätigen Kräfte des heiligen Ägidius reichen noch weiter. Wieder mit Bezug auf die Hirschkuh, gilt er als Heiliger, der Frauen vor Unfruchtbarkeit schützt und darüber hinaus als spezieller Nothelfer bei Gebärmuttererkrankungen und Krebs. Ein alter Spruch, der ebenso als Gebet wie als Beschwörungsformel zu verstehen ist, bezieht sich auf diese Frauenleiden:

Hebemutter, Wehemutter, Blähemutter,
Gebärmutter, Flattermutter, Gerthmutter,
Rosenmutter, Kindesmutter, Fürfallmutter:

Ägidi gebietet dir,
daß du gehest in deinen vorigen Stand,
da du lagest und klagest,
da du eine reine Jungfrau warest.

Mitunter, beispielsweise in der Gegend von Köln, wird der heilige Ägidius sogar für Kinder angerufen, die viel weinen; und im Elsaß wendet man sich bei Ohrenleiden an ihn. Nichtsdestoweniger bleibt er in allen Gegenden der bevorzugte Nothelfer bei Frauenkrankheiten und Stillproblemen.

Agatha

5. Februar

anzurufen gegen Brustbeschwerden aller Art

Agatha wurde als Kind vornehmer Eltern auf Sizilien geboren. Sie wurde im christlichen Glauben erzogen und beschloß schon in sehr jungen Jahren, ihr Leben Jesus Christus zu widmen.

Doch der habgierige und lüsterne Statthalter Quintianus betrachtete ihr gottgefälliges Leben mit Mißgunst. Er nutzte die Edikte des damals regierenden Kaisers Decius, der den Christen nicht gutgesinnt war, ließ das schöne Mädchen verhaften und schaffte es in eines der damals nicht seltenen Freudenhäuser. Die erfahrene Leiterin eines solchen Etablissements sollte für die Umerziehung der frommen Agatha sorgen. Doch die in allen einschlägigen Künsten erfahrene Dame, Aphrodisia, erkannte schnell, daß in diesem besonderen Fall die gewünschte Sinneswandlung nicht so leicht zu bewerkstelligen war. Das teilte sie dem Statthalter mit, der darüber in Wut geriet und Agatha vor Gericht stellen ließ. Sie wurde eingekerkert, verhört, gefoltert. In wenigen Tagen erlitt sie das ganze Spektrum sadistischer Quälereien, das sich ein krankes Hirn nur ausdenken konnte. Als Quintianus dennoch keine moralische Veränderung oder auch nur das leiseste Nachgeben des Mädchens erzielte, begann er schließlich das zu zerstören, was er selbst begehrte: Er befahl seinen Schergen, die Brüste der jungen Agatha abzuschneiden; eine Grausamkeit, die die Gefolterte zu dem Satz veranlaßt haben soll, der unter vielen ihrer Abbildungen steht: »Grausamer Tyrann! Schämst du dich nicht, einer Frau die Brüste abzuschneiden, da du doch selbst als Kind an den Brüsten einer Frau gesaugt hast?«

Der bedauernswerten Agatha wird in der Nacht nach ihrer Verstümmelung eine Stärkung zuteil, deren sich nicht viele Heilige

rühmen können: Der heilige Petrus erscheint ihr, heilt ihre schweren Wunden und spendet ihr Trost. Doch Quintianus ist auch durch das offensichtliche Wunder von seinem Haß und seiner Verblendung nicht mehr zu befreien. Unbeeindruckt läßt er Agatha von seinen Schergen abermals foltern, so daß Agatha endlich im Kerker den neuen Mißhandlungen um das Jahr 250 erliegt.

Die Verehrung der heiligen Agatha nahm verständlicherweise von Sizilien ihren Ausgang. Nicht nur deshalb, weil das junge Mädchen dort gelebt und gelitten hatte, sondern vor allem, weil am ersten Jahrestag ihres Todes ein Wunder geschah. Der Vulkan Ätna war ausgebrochen, und der glühende Lavastrom bewegte sich mächtig auf die Stadt Catania zu. In ihrer Not zogen die Bürger von Catania unter Anrufung der frommen Agatha mit ihrem Grabschleier dem Lavastrom entgegen, der daraufhin wider alles Erwarten zum Stehen kam. Innerhalb kürzester Zeit verbreitete sich die Kunde von Agathas wohltätigem Wirken in ganz Europa. Sogar im Calendarium von Karthago wurde sie verzeichnet. Agathas Hilfe gegen den feuerspeienden Ätna war natürlich Anlaß genug, sie seither gegen Feuersgefahr und Erdbeben anzurufen. Aus dem gleichen Grund gilt sie auch als Patronin der Glockengießer und der Hochofenarbeiter.

Seit Jahrhunderten beten die Frauen zur heiligen Agatha, wenn sie unter hormonell bedingten Brustbeschwerden leiden oder um sie während oder nach dem Stillen um Schutz vor Erkrankungen der Brust zu bitten:

Agatha, frommes Mädchen mein,
hast gelitten große Pein.
Opferst aller Frauen Zier.
Ach, Agatha, hilf auch mir!
Nimm den Schmerz aus meiner Brust,
indem Du für mich bitten tust.

Antonius von Padua

13. Juni

anzurufen für eine leichte Entbindung,
gegen Kinderlosigkeit; ebenso gegen Fieber, Augenleiden,
aber auch zum Wiederfinden verlorener Gegenstände

Wer Wunder und Zeichen finden will,
bei Sankt Antonius find't er viel.

So lautet ein Sprüchlein über den heiligen Antonius von Padua, das den Gläubigen der Alpenländer auch heute noch geläufig ist. Der populäre Heilige wurde 1195 in Lissabon geboren und auf den Namen »Fernandez« getauft. Er stammte aus adeliger Familie, die ihm Frömmigkeit und Bildung mit auf den Lebensweg gab. Als er als Fünfzehnjähriger in ein Augustinerchorherrenstift in seiner Heimatstadt eintrat, war er fest dazu entschlossen, nur mehr seinem Glauben und Gott zu dienen und sich am weltlichen Leben nicht mehr zu beteiligen. Doch es kam anders. Die politischen Unruhen der Zeit, in die die Klöster und ihre Äbte nicht selten verwickelt waren, veranlaßten ihn schon nach zwei Jahren zur Übersiedlung in das Hofkloster der portugiesischen Könige in Santa Cruz. Wieder versuchte Fernandez sich ausschließlich seinen theologischen Studien zu widmen. Die Begegnung mit den Franziskanermönchen eines kleinen, nahegelegenen Klosters überzeugte ihn jedoch davon, daß das wahre Heil in der Gemeinschaft dieses freiwillig armen Ordens lag. Voller Enthusiasmus schloß sich Fernandez im Sommer des Jahres 1220 den Franziskanern an. Er empfing seine ärmliche Kutte und tauschte seinen Taufnamen mit dem Kirchenpatron der Franziskaner, dem heiligen Einsiedler Antonius. Danach erbat er voll Verlangen die Erlaubnis, in Marokko das Evangelium verkünden zu dürfen.

Antonius erhielt die Erlaubnis, und er gelangte frohen Muts in das heidnische Land. Dort zog er sich jedoch eine schwere Krankheit zu, die ihn schon im darauffolgenden Jahr zur Heimkehr zwang. Auch der Weg in die Heimat verlief nicht ohne Schwierigkeiten. Heftige Stürme verschlugen Antonius nach Sizilien, wo er den dortigen Ordensbrüdern unbekannt war und kurzerhand in eine Einsiedelei geschickt wurde.

Für Pfingsten 1221 hatte Franz von Assisi ein Generalkapitel seiner Gemeinschaft einberufen, an dem mehr als 5000 Brüder teilnahmen. Der kaum bekannte und schweigsame Antonius, der an dieser Zusammenkunft teilnehmen durfte, fiel durch eine fulminante Predigt auf, die er im September 1221 in der Kathedrale von Forli anläßlich einer Primizfeier zu halten hatte. Seine flammenden Worten wurden von einer beispielhaften Lebensführung in Armut und Bescheidenheit bestätigt, so daß seine Zuhörer ihm glaubten, wenn er sprach: »Frei gewollte Armut gibt dem Menschen Kraft, Reichtümer aber machen ihn schwach; denn schnell wird der Mensch seines Besitzes Knecht, statt über ihn zu herrschen. Wenn nämlich jemand Verlust erleidet und darüber traurig wird, ist er in seiner Trauer ein Knecht, wie er vorher in seinem Glück ein Knecht war.« Franz von Assisi, der zeitlebens nur zum Diakon sich weihen ließ, sprach mit großer Ehrerbietung von Antonius als »unserem Bischof«. Er ernannte ihn zum Lektor der Theologie für die Franziskaner.

Antonius' Bekehrungsarbeit ging so gut voran, daß er sie bald seinen Mitbrüdern übergeben konnte. Ihn selbst rief man nun nach Südfrankreich, wo Toulouse als Hochburg der Irrlehre galt. Der eindrucksvolle Erfolg seiner Predigten wiederholte sich auch dort. Antonius tat aber noch mehr: Er sorgte durch die Gründung von Klöstern seines Ordens dafür, daß auch nach seiner Rückkehr nach Italien weiterhin der wahre Glauben verbreitet und gelehrt werden konnte.

1227 ging Antonius – inzwischen ein reifer Mann von zweiunddreißig Jahren – im oberitalienischen Padua an die letzte seiner Aufgaben: die Stärkung und Festigung der Gläubigen in dieser sinnenfrohen, um nicht zu sagen, lasterhaften Stadt. Bei seinen Fastenpredigten konnte Antonius einen unvergleichlichen Zustrom an Zuhörern verzeichnen. Kein Gotteshaus reichte mehr aus, um die Menschen zu fassen, die bereits in der Nacht zusammenströmten, um den Prediger zu hören. Die Stadt Padua und ihre Umgebung schienen wie umgewandelt: Entrechtetes Gut wurde zurückerstattet, Dirnen, Diebe und andere Übeltäter taten Buße. Noch heute zeugt ein Gesetz vom März 1231, demzufolge Schuldner nicht mehr eingekerkert werden durften, von der Wirkung seiner Worte. Wie wenig er sich und seine Gesundheit dabei schonte, beweist sein früher Tod: Antonius starb am 13. Juni 1231, nur sechsunddreißig Jahre alt, entkräftet von der schweren Arbeit, die er sich auferlegt hatte, und einem entbehrungsreichen Leben.

Schon ein Jahr nach seinem Tod wurde er entgegen jeder Gewohnheit durch Papst Gregor IX. heiliggesprochen. Aus der Legende des heiligen Antonius lassen sich zahlreiche Patrone ableiten. Seine positive Einstellung zur Familie macht ihn zum Anwalt und Schirmherr der Frauen. Da berichtet wird, es sei ihm das Jesuskind erschienen, und er habe es auf seinen Armen tragen dürfen, gilt er gleichzeitig als Patron der kleinen Kinder, aber auch als Zuflucht jener Frauen, die sich vergebens ein Kind wünschen:

Heiliger Antonius, ich hab' schon ein' Windel,
ich bet' Dir ein' Rosenkranz
und Du schickst mir ein Kindl!

heißt es in Österreich mit ebensoviel Wirklichkeitssinn wie Humor. Wenn der heilige Antonius dann für die Empfängnis gesorgt hatte, behütete er die junge Mutter auch bei der Niederkunft. Aus diesem Glauben heraus wird verständlich, daß so manche werdende Mutter eine Wallfahrt zu einem der vielen Antonius-Brunnen unternimmt. Daß man dort auch ältere Leute sieht, die sich mit dem Antonius-Wasser die Augen baden und in der Kapelle um die Erhaltung ihrer Sehkraft beten, weist auf die Hilfeleistung hin, die dem heiligen Antonius bei Augenleiden und Sehstörungen zugeschrieben werden. Seine wundertätige Hilfe bei Sehstörungen dürfte der Grund sein, daß der heilige Antonius auch dann angerufen wird, wenn man etwas verlegt oder verloren hat. Schließlich braucht man einen scharfen Blick, um den abhanden gekommenen Gegenstand wiederzufinden.

Antonius der Große

17. Januar

anzurufen gegen Hautkrankheiten und Entzündungen;
früher auch gegen Pest und Epidemien

Antonius der Große ist mehr als die meisten Heiligen der Frühzeit von einem dichten Legendenkranz umwoben. Dabei war er nur ein Fellache aus Mittelägypten, der keinerlei geschichtsträchtige Taten vollbracht hat. Aber seine Persönlichkeit und sein Leben ragten dennoch als anbetungswürdiges Vorbild aus der Masse der Gläubigen auf.

Als Antonius im Jahr 251 oder 252 im Dorf Koma das Licht der Welt erblickte, erlebte die frühe Christenheit gerade eine ihrer härtesten Bewährungsproben. Kaiser Decius hatte eine Christenverfolgung heraufbeschworen, die das ganze Reich erfaßte. Kein Christ, gleichgültig in welchem entlegenen Teil des Römischen Imperiums er lebte, war vor den kaiserlichen Häschern sicher. Viele wurden schwach, aber um so herrlicher leuchtete das Heldentum der Getreuen auf. Wer bestehen wollte, mußte allezeit zum blutigen Opfer bereit sein.

Antonius wuchs in einem wohlhabenden Hause auf. Als er zwanzig Jahre alt war, starben seine Eltern und hinterließen ihm die Verwaltung des Familienerbes und die Sorge um die jüngere Schwester. Dann geschah etwas, das dem zwar verantwortungsbewußten, aber sonst doch recht sorglosen Dahinleben des jungen Mannes mit einem Schlag ein Ende machte. Antonius besuchte wieder einmal den Gottesdienst, als er plötzlich bei den Worten des Matthäus-Evangeliums eine Vision hatte: »Verkaufe alles« sagte ihm eine Stimme »und gib den Erlös den Armen. Dann folge mir nach!« Die Macht des Wortes traf Antonius so unwiderstehlich, daß er sich ihm ohne zu zögern stellte und tat, was von ihm gefordert wurde: Er verkaufte das elterliche Gut und gab das, was nicht für die Versorgung der jüngeren Schwester benötigt wurde, den Armen. Antonius war aber kein gewöhnlicher »Aussteiger«, der nur dem Alltagsleben entrinnen wollte – er wandte sich voller Glut intensiven religiösen Übungen zu. Anfangs wohnte er noch in der Nähe des Dorfes, aber bald zog er sich in ein Felsengrab in der Lybischen Wüste und später in ein verfallenes Kastell zurück. Ein Freund sorgte für die kärgliche Nahrung, die er brauchte, um

überleben zu können. Sonst brach er jegliche Verbindung mit der Umwelt ab. Je mehr er sich von seiner Erdverbundenheit löste, desto quälender suchten ihn seelische Anfechtungen heim. So manche Abbildung mit dem Titel »Versuchung des heiligen Antonius in der Wüste« gibt Zeugnis davon, wie sehr dieser an sich lebensbejahende Mann unter den Entsagungen, die er sich ja freiwillig auferlegt hatte, gelitten haben muß. Antonius mobilisierte seinen ganzen Willen, um den psychischen Belastungen der Isolation gewachsen zu sein. Als er nach zwanzig Jahren der Einsamkeit wieder unter den Menschen erschien, war er trotz der harten Kasteiungen äußerlich unverändert. Bald war sein Name in aller Munde. Von allen Seiten strömten Gläubige herbei, die sich seiner Fürbitte empfehlen wollten. Da die Not der Christenheit es erforderte, zögerte er nun nicht, wieder unter Menschen zu gehen und die im Kerker schmachtenden Bekenner im Glaubenskampf zu stärken. So ist es kein Zufall, daß die Volksfrömmigkeit späterer Zeiten ihn unter die Nothelfer einreihte und ihn bei Beschwerden um Hilfe anrief, unter denen er gemäß der Legende während seines zwanzigjährigen Wüstenlebens selbst gelitten hatte: Flechten, Hautausschläge und Entzündungen. Da man in früheren Zeiten Pestbeulen ebenfalls zu dieser Kategorie zählte, wurde er auch gegen die Pest angerufen. Nach dem Erlöschen dieser Seuche wurde dieses Patronat auf jede andere Art von Epidemien übertragen. Antonius starb im Jahr 356, als er einhundertfünf Jahre alt war. Ein Alter, das heute noch immer Seltenheitswert hat, aber damals geradezu überirdisch war. Das Grab des Antonius war zwei Jahrhunderte lang verschollen, bis es 561 entdeckt wurde. Heute ruhen seine Reliquien in Frankreich, in der Kirche Saint Julien von Arles.

Eine der ältesten Anrufungen ist überliefert. In unsere heutige Sprache übersetzt, lautet sie so:

Heiliger Antonius, in deinem härenen Kleid,
hilf Du mir in meinem Leid!
Bei Christi heiligen fünf Wunden
laß mich von meiner Krankheit gesunden!

Apollonia

9. Februar

anzurufen gegen Zahnschmerzen und Kopfweh

Am Beispiel der heiligen Apollonia zeigt es sich, daß die Patronate und Attribute, mit denen die Nothelfer in Zusammenhang gebracht werden, häufig von den zugehörigen Lebensgeschichten und Marterberichten herrühren. Die Legende nennt Apollonia eine »betagte christliche Jungfrau«, welche 249 in Alexandria das Martyrium erlitt. Einem schriftlichen Bericht des Bischofs Dionysius ist zu entnehmen, daß sie im Zuge der Christenverfolgungen festgenommen und so heftig ins Gesicht geschlagen wurde, daß sie die Zähne verlor, worauf sie sich selbst in den brennenden Scheiterhaufen gestürzt habe.

Eine andere Überlieferung besagt, daß die Heilige schon zu ihren Lebzeiten wundersame Gaben besaß. So habe Apollonia die Götzenbilder der Heiden angeblasen, die – von ihrem Atem getroffen – zu Staub zerfielen. Als Strafe dafür wurden ihr mit spitzen Steinen die Zähne ausgeschlagen. Im Kerker betete sie dann für alle Zahnleidenden, die sie anrufen würden.

In einer mittelalterlichen Leidensgeschichte der Heiligen hingegen wird von einer Apollonia erzählt, die eine vornehme Kaisertochter gewesen sein soll. Sie lebte in einem turmartigen Palast und wurde von zwölf Jungfrauen bedient. Ihre Geräte und ihr Geschirr waren aus purem Gold. Als sie ins heiratsfähige Alter kam, hatte sie nicht nur kein Interesse für ihre Freier, sondern trat auch noch durch die Taufe dem damals verfolgten Christentum bei. Sie ließ den Leichnam der Märtyrerin Anastasia bestatten und ihr zu Ehren eine Kirche errichten. Danach verschenkte sie ihre goldenen Geräte an Bedürftige. Dadurch löste sie den Zorn ihres Lieblingsbruders aus, von dem diese Kostbarkeiten stammten. Als sie dann auch noch eine Heirat ausschlug, die er für sie vorbereitet hatte, war das Maß voll. Der Bruder tobte vor Wut und Haß und setzte Apollonia den grausamsten Torturen aus, die schließlich mit ihrer Enthauptung in Persien endeten. Aus der letzteren Einzelheit erklärt sich die Tatsache, daß Apollonia nicht nur für schmerzende Zähne, sondern auch für Kopfweh zuständig ist.

Augustinus

28. August

anzurufen gegen Augenleiden

Die Einreihung unter die bekanntesten und würdigsten Vertreter des frühen Christentums wurde Augustinus nicht in die Wiege gelegt. Als Sohn eines heidnischen Vaters wurde er 354 in Tagaste, einer kleinen numidischen Stadt, die im heutigen Nordtunesien gelegen war, geboren. Die vermutlich aus Rom stammende Familie besaß zwar kleine Ländereien, geriet aber durch die immer drückender werdenden Steuerlasten in Armut. Das Studium wurde dem jungen Augustinus nur durch die Unterstützung eines Gönners möglich, der den wachen und bildungsfähigen Geist des

Knaben frühzeitig erkannte und förderte. Das Vorbild der christlichen Mutter Monika machte auf den jungen Mann zu jener Zeit allerdings noch keinen Eindruck. Im Gegenteil: Er schloß sich einer Gruppe jugendlicher Herumtreiber an, bis er zur Fortsetzung seiner Studien nach Karthago reiste. Doch auch dort war sein Lebenswandel alles andere als gottgefällig. Die Verbindung mit einer unbekannten Schönen, die schließlich die Mutter seines Sohnes Adeodatus wurde, entfremdete ihn noch mehr der Religion seiner Mutter, die er als »Ammenmärchen« bezeichnete.

Nichtsdestoweniger hatte der flotte Augustinus Erfolg in seinen Studien. Nachdem er mit seinem Sohn nach Tagaste zurückgekehrt war, berief man ihn dort zum Professor. Dieses Amt übte er dreizehn Jahre lang aus. Dann führte ihn seine Karriere über

Karthago nach Rom und Mailand, der damaligen Hauptstadt des Römischen Reiches. Augustinus war ein Lehrer, der von seinen Schülern bewundert wurde. Er besaß alles, um die Jugend in seinen Bann zu schlagen: Charisma, Bildung, Zauber des Wortes

und einen scharfen Geist. Noch führte ihn sein Ehrgeiz vor allem auf der Karriereleiter weltlicher Erfolge nach oben. Doch die Zeichen, die seinen Weg zu Gott markierten, wurden immer zahlreicher. Zum Beispiel erschütterte ihn die Lebensbeschreibung des heiligen Antonius des Großen, die ihm das Ideal des christlichen Mönchtums vor Augen führte, auf so seltsame Weise, daß sich Augustinus seine tiefe innere Bewegung nicht erklären konnte. Aber immer noch war er zerrissen zwischen einander widerstrebenden religiösen Neigungen und weltlichem Treiben. Eines Tages jedoch, als er im Garten seines Mailänder Hauses die Einsamkeit suchte und zu Gott um ein Zeichen betete, fiel sein Blick auf die vor ihm liegende Heilige Schrift. Da stand: »Schluß mit Schlemmereien und Ausschweifungen; Schluß mit Geschlechtslust und Unzucht; seht den Herrn Jesus Christus an und sucht nicht mehr, das Fleisch und seine Begierden zufriedenzustellen.«

Augustinus betrachtete diesen Satz als einen Fingerzeig Gottes. Noch einige Wochen setzte er seine Tätigkeit als Rhetorikprofessor fort, dann legte er sein Amt nieder. Zusammen mit seiner Mutter, seinem Sohn und einigen Freunden zog er sich auf ein Landgut nördlich von Mailand zurück. In der Osternacht des Jahres 387 empfing er zusammen mit seinem Sohn die Taufe aus der Hand des Bischofs Ambrosius.

Im Herbst des folgenden Jahres kehrte er in seine afrikanische Heimat zurück. Er verkaufte seinen Besitz, führte das Leben eines asketischen Mönches und wartete wieder auf eine Weisung Gottes. Diese kam, als der greise Bischof ihn von seinen Meditationen und Studien weg zu seinem Assistenten und Seelsorger berief. Fünf Jahre später trat er die Nachfolge auf dem Bischofsstuhl in Hippo an, einer damals bedeutenden Stadt des römisch verwalteten Afrika.

Obwohl Augustinus sein kirchliches Amt beispielhaft verwaltete, erfüllte er auch eine zweite theologische Berufung: Er verfaßte ein theologisch-literarisches Werk von einhundertdreizehn Büchern und zweihundertachtzehn Briefen, in denen sich die religiösen Probleme seiner Zeit ebenso spiegeln wie sein tiefer und ergebener Glaube. Als 430 die Bischofsstadt Hippo von den Vandalen belagert wurde, war Augustinus' Gesundheit schon geschwächt. Er starb am 28. August, nach drei Monaten der Belagerung. Nach der Einnahme Hippos durch die Feinde wurde sein Leib nach Sardinien gebracht; 722 wurden die heiligen Reliquien ins italienische Pavia überführt.

Daß Augustinus bei Augenleiden anzurufen ist, hat nicht so sehr mit seinem Leben und Wirken zu tun als vielmehr mit dem Klang seines Namens, der in der deutschen Sprache mit denselben Buchstaben beginnt wie das Wort Auge. Nichtsdestoweniger wurde schon im Mittelalter von Wunderheilungen berichtet, die Augenleidende durch das Gebet zum heiligen Augustinus erfahren hätten. Aus diesen alten Zeiten ist uns ein sogenannter »Augensegen« erhalten:

Ich beschwöre heute meinen Schmerz
bei dem heiligen Augustinus, der sich Gott geweiht hat
und bei allen Heiligen, die gemartert wurden,
und bei der heiligen Mutter Gottes,
und beim heiligen Blut unseres Herrn,
das aus unseres Herrn Seite rann,
und beim Heiligen Grab und beim Jüngsten Gericht:
nehmt mir das Fell und den Schmerz und die Blattern
von meinem Aug.

Barbara

4. Dezember

anzurufen gegen Fieber; auch bei jeder Art
von Lebensgefahr und gegen einen plötzlichen Tod

Von der liebenswürdigen Gestalt der heiligen Barbara geht eine Anziehungskraft und ein Liebreiz aus, der sich nicht davon beirren läßt, daß ihr historischer Nachweis äußerst schwierig, wenn nicht gar unmöglich ist. Folgen wir also der Legende:

Barbara war die verführerisch schöne Tochter eines reichen

heidnischen Vaters mit dem Namen Dioscuros. Die Familie lebte vermutlich gegen Ende des dritten Jahrhunderts in Nikomedien, dem heutigen Izmid in der Türkei. Eifersüchtig wachte er über seine liebreizende Tochter und verwahrte sie in einem unzugänglichen Turm. Alle Bewerber, die um ihre Hand anhielten, wurden von ihm abgewiesen, ja sogar verfolgt. Dafür sorgte Dioscuros nach Kräften für das leibliche Wohl seiner Tochter. Barbara jedoch, die innerlich schon längst für das Christentum gewonnen war, nützte die längere Abwesenheit ihres Vaters, um sich taufen zu lassen. Zum Zeichen ihres Glaubens an den dreifaltigen Gott befahl sie, den zwei Fenstern, über die ihr Turm bereits verfügte, ein drittes hinzufügen zu lassen. Der überraschend zurückkehrende Vater erkannte die Bedeutung dieses christlichen Symbols sofort. Voller Zorn darüber, daß seine Tochter die traditionellen Götter mißachtete, wollte er sie auf der Stelle töten lassen. Barbara versuchte, sich durch eine waghalsige Flucht vor ihrem Vater zu retten. Tatsächlich hatte der harte Fels Erbarmen mit ihr und öffnete sich, um das fliehende Mädchen zu verbergen.

Wenig später allerdings verriet ein Hirte ihr Versteck im Wald. Es half dem Mädchen wenig, daß Gott zur Strafe alle Schafe des Hirten in Mistkäfer verwandelte – Barbara wurde von ihrem tobenden Vater erwischt. Er schleppte die eigene Tochter vor den Richter, der nun seinerseits mit grausamen Mitteln gegen sie vorging. Da aber Christus selbst ihr mit Trost beistand, blieb sie auch unter der Folter stark. Barbaras Widerstand und Kraft machen den Richter so wütend, daß er sich eine besonders sadistische Folterung ausdenkt. Wenn er schon gegen ihren Körper nichts vermag, will er ihre Seele treffen. Also läßt er das junge Mädchen entkleiden, um es nackt auf den Märkten des Landes den lüsternen Blikken einer schaulustigen Menge auszusetzen. Barbara flehte zu Gott, er möge den Himmel mit Wolken, die Erde aber mit dem Nebel des Morgens und des Abends verhüllen. Die Legende erzählt, daß Gott ihr Gebet erhörte: Dichter Nebel senkte sich hernieder und verhüllte die nackte Schönheit des Mädchens.

Ungerührt von diesem offensichtlichen Wunder, verurteilte der Richter Barbara dennoch zum Tod durch Enthauptung. Dabei kommt es zu etwas Unfaßbarem – der vorher so um Tugend und Schönheit seiner Tochter besorgte Vater übernahm eigenhändig die Vollstreckung des Urteils. Aber als er nach dem Mord nach Hause zurückkehrte, kam ein Blitz vom Himmel und verbrannte seinen Leib zu Asche. Ein junger Christ namens Valerian sorgte für die würdige Bestattung der Märtyrerin Barbara. Es dauerte nicht lange, bis es sich herumgesprochen hatte, daß viele fromme Pilger an ihrem Grab Befreiung von ihren körperlichen Leiden oder seelischen Trost finden.

Wenn auch Ort und Zeit des Geschehens nicht genau dokumentiert sind, so läßt sich die Legende doch mit ziemlicher Sicherheit gegen Ende des dritten Jahrhunderts festlegen. Der Ort soll entweder die Toskana oder die Umgebung Roms gewesen sein. Seit dem neunten Jahrhundert breitet sich die Barbara-Verehrung nicht nur in den deutschen Landen, sondern auch in weiter nördlich gelegenen Regionen aus. Im russischen Nowgorod etwa rühmt man sich, den Kopf und die versteinerte Brust der heiligen Barbara als wundertätige Reliquien zu besitzen.

Die Verehrung der heiligen Barbara knüpft naturgemäß an die verschiedenen Motive der Legende an. So wird sie als Nothelferin gegen den »unbußfertigen und plötzlichen Tod« verehrt, der den grausamen Vater durch den Blitz ereilte und in Sünde sterben ließ. Häufig lautet darum das Bittgebet:

Bewirke, o Herr, daß wir auf die Fürsprache der heiligen Barbara vor dem Tod das Sakrament der Krankenölung empfangen!

Da laut Legende Barbaras Tod durch einen Blitz verursacht wurde, machte man sie auch zur Schutzheiligen, die bei Gewitter und Brandgefahr angerufen wird. Deshalb schmückt ihr Bild auch oft die bei solchen Gelegenheiten geläutete Sturmglocke. Die heilige Barbara gilt überdies als Patronin der Glockengießer sowie der Türme, der Berggipfel und Befestigungsanlagen. Sie ist auch bis heute eine von den Bergknappen geliebte Schutzheilige, die sie mit ihrem Lächeln in den dunklen Schacht begleitet, wo Wetter aller Art ihr Leben bedrohen. Eine Inschrift vor einem Tiroler Bergwerk lautet:

Und fragt ihr, warum Wach hier
Sankt Barbara soll halten?
Wohl ist ihr Bild die rechte Zier
auf diesem Platz, dem alten.
Wie sich die Knappen ihr geweiht
in ruhmesreichen Tagen,
soll heut und in der Zukunft Zeit
des Bergmanns Herz ihr schlagen.

Noch bekannter und verbreiteter ist die Sitte, am Festtag der heiligen Barbara, dem 4. Dezember, die sogenannten »Barbarazweige« zu schneiden und ins Zimmer zu stellen. Wenn es gelingt, sie bis zum Christfest zum Blühen zu bringen, so ist das auf jeden Fall ein gutes Zeichen. In den verschiedenen Gegenden wird es allerdings verschieden gedeutet: So können die blühenden Zweige entweder eine Hochzeit ankündigen oder große Fruchtbarkeit verheißen. Sie zeugen aber auch von dem immer wieder aufblühenden Wunder der Liebe, das uns Gott durch seine Geburt im Christfest so lebendig vor Augen ruft.

Die Anrufung der heiligen Barbara bei hohem Fieber hat schließlich ebenfalls mit der Hitze des Blitzes zu tun, die im Zusammenhang mit ihrer Legende so oft in Erinnerung gebracht wird. Ein Spruch aus den frühesten Zeiten, als sich heidnische Zauberkunst noch oft mit christlichen Motiven verband, hat folgenden Wortlaut:

Fieber, Fieber!
Ich befehle dir, verlasse mich!
Flieh und geh in grauen Stein,
verbirg dich im Fels wie St. Barbara tat.
Versteck dich im Wald
wie St. Barbara tat.

Bartholomäus

24. August

anzurufen gegen Nervenkrankheiten, Zuckungen sowie gegen Hautleiden

Bartholomäus war einer der zwölf Apostel und hieß eigentlich Nathanael. Über das Leben des Heiligen ist wenig bekannt, außer daß er als Prediger in Indien, später in Armenien tätig war und beachtliche Bekehrungserfolge unter den Heiden für sich verbuchen konnte. Das erboste aber den armenischen König Astyages so sehr, daß er ihn einkerkern ließ und dazu bewegen wollte, seinem Glauben abzuschwören. Als die üblichen Foltermethoden nichts fruchteten, ließ der König seinem hartnäckigen Gefangenen die Haut bei lebendigem Leib abziehen. Erst dann wurde Bartholomäus gekreuzigt.

Christliche Reisende brachten die Reliquien des Heiligen im sechsten Jahrhundert auf die Insel Lipari vor Sizilien. Im Jahre 983 ließ sie Kaiser Otto III. von Benevent nach Rom bringen, wo sie in der Kirche San Bartolomeo auf der Tiber-Insel bestattet wurden. Die Hirnschale allerdings liegt seit 1238 im Dom zu Frankfurt am Main.

Die Verehrung, die Bartholomäus im Volksbrauchtum genießt, ist weit umfangreicher als seine Biographie. Das mag damit zusammenhängen, daß sein Festtag, der 24. August, von altersher als Lostag und in vielen Gegenden als Abschluß der Ernte begangen wurde. Zahlreiche Kirchweihfeste im Rheintal belegen heute noch die alte Sitte. Die Volkstümlichkeit des Heiligen unterstreichen auch verschiedene Legenden, die über ihn und sein wundersames Wirken in Umlauf sind. So soll er im Mittelalter einer Bäuerin erschienen sein, die ausgerechnet an seinem Namenstag ihren Garten bestellte. Entsetzt über den Anblick des Märtyrers, dem seine Haut in Fetzen von den Schultern hing, rief die alte Frau: »Ach, wie dauert Ihr mich, Ihr armer Mann!« Doch der Heilige antwortete: »Weit mehr dauerst Du mich, die an meinem Tag arbeitet, statt ihn in der Kirche zu feiern.« Darauf eilte die alte Frau ins Haus und holte für den geschundenen Heiligen einen Topf Butter, mit der sie seine Wunden salbte.

Aus dieser Geschichte wird klar, warum noch im vorigen Jahrhundert auf dem Lande Schürfwunden und ähnliche Verletzungen vor allem mit der sogenannten »Bartolmä-Butter« behandelt wurden. Sie wurde vorzugsweise am Tag des Heiligen hergestellt, indem man frische Butter nahm, die Blätter des Gänseblümchens und die halbe Menge Käspappelblätter zerstieß und beide in der heißen Butter durchziehen ließ. Das noch warme Fett filterte man durch ein Leinentuch in ein lichtundurchlässiges Porzellan- oder Keramiktöpfchen, in dem man die Butter für die Behandlung von Verletzungen, aber auch für Einreibungen bei Gliederschmerzen und Krämpfen, längere Zeit aufbewahren konnte. Die Zubereitung war Sache der Bäuerin oder der Hausfrau. In ihrem Ermessen lag es, wer vom Gesinde und den Dienstboten einen Anteil an der begehrten Bartolmä-Butter bekam.

Der heilige Bartholomäus wurde auch als Reiter auf einem weißen Roß dargestellt. Das weist ihn als Bezwinger der bösen Dämonen aus, die in jenen Ländern ihr Unwesen trieben, in denen er die Heiden bekehrte. Parallel damit läuft der Glaube, Bartholomäus könne die Dämonen auch aus den Menschen vertreiben, womit er zum Schutzpatron jener Leidenden erklärt wurde, die von sogenannten »dämonischen Krankheiten wie Nervenzittern und Gliederzucken« befallen waren. Aus diesem Grund wurde ihm der nervenstärkende Speik als entsprechende Heilpflanze zugeordnet.

Grundbedingung für die volle Entfaltung der Heilkraft dieser Pflanze ist es, nicht vor dem 24. August mit der Wurzelernte zu beginnen:

Sankt Bartholomä ist auf den 24. gefallen.
Mit seiner Haut mußte er seinen Glauben bezahlen.
Die Marter erlitt er mit großer Geduld,
als hätt' er alles selber verschuld't.
Und wenn er für d'Krankheit ein Kräutel find't,
er nicht vor dem 24. beginnt.

Benedikt von Nursia

11. Juli

anzurufen gegen Vergiftungen und bei Nierensteinen; aber auch bei Fieber, entzündlichen Krankheiten und der sogenannten »Rose«

Die Eltern des im Jahre 480 geborenen Benedikt waren wohlhabend genug, um ihren Sohn in jungen Jahren zum Studium in die Hauptstadt Rom zu schicken. Doch die schon im Niedergang begriffene Stadt enttäuschte Benedikt ebensosehr wie das gedankenlose, sündhafte Leben seiner Studienkollegen und Altersgenossen. So wandte sich Benedikt nicht nur von Rom ab, sondern schrittweise auch von seiner gesamten Umwelt. Nach und nach lernte er die vielfältigen Möglichkeiten mönchischer Lebensweise kennen. Noch war es ein weiter Weg bis zum Heiligen von Montecassino, aber schon die wunderbaren Ereignisse der ersten Jahre bezeugen, »wie vollkommen der junge Benedikt in der heiligen Berufsgnade den Anfang gemacht hat«, wie es nach seiner Heiligsprechung Papst Gregor der Große formulierte.

Nach einem dreijährigen Einsiedlerleben in mönchischer Askese war Benedikts innere Entwicklung zu dem entscheidenden Wendepunkt gekommen. Er fühlte sich reif genug, um sein Einsiedlerleben aufzugeben und seine Höhle zu verlassen. Als Leiter verschiedener mönchischer Gemeinschaften erfuhr er, wie schwer es selbst den Dienern Gottes ist, ihr Mönchsleben zu organisieren, daß die Klostergemeinschaft die Verwirklichung der Kirche im kleinen darstellt, wo alle Mitglieder »ein einziger Leib« sein sollen, deren Haupt Jesus Christus ist.

Benedikt von Nursia hatte sich vorgenommen, mit seinen Schülern eine »Stadt auf dem Berg« zu erbauen, in der eine gottgefällige Gemeinschaft mit einheitlicher Verfassung leben sollte. In den Ruinen einer alten Befestigungsanlage und eines ehemaligen Tempelheiligtums baute er dann tatsächlich »sein« Kloster: einen stattlichen Bau, der von ihm und seinen Schülern selbst errichtet worden war und wo die kleine mönchische Gemeinde ein christliches Leben führen wollte. Benedikt gestaltete dieses Leben nach einem klaren Plan, nach monastischen Grundsätzen, gleichzeitig aber auch offen für die Zeit, ihre Menschen und ihre Aufgaben.

In der »Stadt auf dem Berg« – in Montecassino – fanden die asketischen Ideale Benedikts ihren Niederschlag, wie er sie jahrzehntelang erprobt hatte. Alle lebten in der Gemeinschaft der Liebe unter einem Abt. Für Gebet, Lesung und Arbeit, für die Mahlzeiten und das Schlafen waren bestimmte Zeiten festgelegt, die eine, dem abendländischen Menschen gemäße, Verbindung von beschaulichem und tätigem Leben verwirklichten: »Ora et labora«, bete und arbeite – wurde zur Grundregel der Benediktiner.

Tatsächlich blieb der Geist dieses großen abendländischen Mönchsvaters und seiner Regeln im Christentum auch nach seinem Tod im März des Jahres 547 lebendig. Benedikts Sterben entsprach voll und ganz dem frommen Leben, das er bis zu diesem Tag geführt hatte. Seine Glaubensbrüder berichteten, daß er sich »in die Kirche tragen ließ, und – die schwachen Glieder auf die Hände seiner Jünger gestützt – stand er da, erhob die Arme zum Himmel und hauchte unter Gebetsworten seinen Geist aus.«

Warum der heilige Benedikt als Nothelfer tätig werden sollte, geht aus seinem Lebenslauf nicht genau hervor. Bekannt ist allerdings, daß während seiner Einsiedlerzeit ein Giftanschlag von bösartigen Mönchen auf ihn verübt wurde. Fest steht, daß die Mönche jener Zeit über eine Vielfalt von Heilwissen und Behandlungsmethoden bei vielerlei Gebrechen verfügten, so wendet man sich etwa bei Vergiftungen sicher nicht an einen Unberufenen, wenn man sich von Benedikt Hilfe erhofft.

Bernhard von Clairvaux

20. August

anzurufen gegen Besessenheit und Geisteskrankheiten

Bernhard war das dritte von sieben Kindern des burgundischen Edelmanns Tezelin. Er wurde um das Jahr 1090 auf dem Familienschloß Fontaines-les-Dijon geboren. Sicher haben ihn seine Eltern nicht dazu ausersehen, in mönchischer Armut zu leben. Er wurde zwar im christlichem Sinne erzogen, doch den Eltern schwebte eine Laufbahn des Sohnes vor, die ihm weltlichen Erfolg bescheren sollte. Bernhard besuchte eine berühmte Stiftsschule, wo er mit den klassischen Schriftstellern bekannt gemacht wurde, aber auch in allen anderen Wissenschaften eine für damalige Zeiten umfassende Ausbildung erhielt. Als seine wissenschaftlich-kirchliche Karriere im benachbarten Deutschland schon gesichert schien, faßte jedoch der junge Mann den Entschluß, in ein strenges Reformkloster im Wald von Cîteaux einzutreten, das wegen seiner Armseligkeit und Strenge vom Aussterben bedroht schien.

Das Andenken an seine 1103 verstorbene Mutter bestätigte Bernhard in seinem Entschluß. Schließlich verstummten auch die Einwände seiner Brüder und seines greisen Vaters, der seinen Sohn lieber auf einem Schloß als in einem Kloster gesehen hätte. In der Fastenzeit des Jahres 1112 bat Bernhard um Aufnahme in das Reformkloster. Begleitet von dreißig wissenschaftlich gebildeten, vornehmen Klerikern und einflußreichen Laien begann er mutig das Noviziat. Schon drei Jahre später ersah man den Aufschwung des Klosters daran, daß zwei Schwesterabteien gegründet werden konnten: Clairvaux und Morimond. Der erst fünfundzwanzigjährige Bernhard wurde Abt von Clairvaux und brachte der Abtei nach großen Anfangsschwierigkeiten eine bemerkenswerte Anerkennung. Bis zu seinem Tod gründete er übrigens noch siebenundzwanzig Tochterklöster, darunter Himmerod und Eberbach in Deutschland.

Bernhards Aktivität beschränkte sich nicht nur auf seinen Orden. Durch seine flammenden Predigten, die großen Zulauf hatten, übte er nachhaltigen Einfluß auf Mönche, Kleriker und Laien seiner Zeit aus. Seine Korrespondenz, in der es um Glaubensfragen ebenso ging wie um die Grundlagen eines christlichen Lebens schlechthin, ist umfangreicher als die der Päpste und Kaiser jener Jahrhunderte. Obwohl Bernhard voll und ganz von der Macht des Papsttums durchdrungen war, scheute er vor scharfer Kritik nicht zurück. Als 1145 Eugen III., der ehemals Mönch und Schüler in

Bernhards Kloster Clairvaux gewesen war, zum Papst gewählt wurde, widmete ihm Bernhard das Werk »Über die Betrachtung«, in dem er die Mißstände am päpstlichen Hof anprangert und die Macht- und Prachtentfaltung verdammt. Die Kritik läßt sich in folgende Punkte zusammenfassen: Der Papst mischt sich in zu viele weltliche Prozesse ein; er ist von den Geschäften der Welt so in Anspruch genommen, daß ihm keine Zeit mehr dafür bleibt, als Gottesmann zu leben. Eindringlich mahnt der ehemalige Lehrer: »Ich verlange nicht von dir, mit all diesem Tun zu brechen, aber es zu unterbrechen durch Versenkung in die Dinge Gottes.« Ein weiser Rat, der noch heute seine Gültigkeit hat.

Eugen III., von Bernhards Aufrichtigkeit überzeugt, gewann ihn für eine neue Mission: den Kreuzzug zu predigen. Mit seiner zündenden Beredsamkeit gewann Bernhard viele Teilnehmer zum Zug ins Heilige Land. Leicht war diese Aufgabe nicht, denn Bernhard mußte sich gegen die Hetzreden seines Mitbruders Radulf zur Wehr setzen, der gleichzeitig zur Verfolgung der Juden im Abendland aufrief. Dagegen schrieb Bernhard: »Die Juden sollen nicht verfolgt, ja nicht einmal vertrieben werden... Die Heiden im Morgenland sind es, die gegen uns gewalttätig geworden sind. Darum dürfen wir ihre Gewalt mit unserer Gewalt abwehren.« Bernhard entfacht in ganz Europa einen Sturm der Begeisterung für die Kreuzfahrt. Die bedeutendsten Herrscher des Christentums führen die Heere an. Dennoch schlägt die Unternehmung fehl und Bernhard hat sich nach dem schweren Leid, das die Kreuzzüge in allen europäischen Völkern angerichtet hatten, schweren Angriffen zu stellen, die ihm die unüberbrückbare Spannung zwischen der Botschaft Christi und dem bewaffneten Feldzug klarmachen.

Bernhard, der sich selbst als wandelnden Widerspruch betrachtete – ein Mönch, der dauernd weltliche Angelegenheiten verfolgte, ohne Laie zu sein, und mit kirchlichen Dingen befaßt war, ohne Lenker der Kirche zu sein – starb am 20. August 1153 in seinem Kloster Clairvaux. Schon zu Lebzeiten war er vielfach als Heiliger verehrt worden. Die formelle Heiligsprechung wurde von Papst Alexander III. im Jahr 1174 vollzogen. Pius VIII. erhob ihn darüber hinaus 1830 zum Kirchenlehrer.

Als Mann der Wissenschaft, Kirchengelehrter und Verfasser theologischer Schriften wurde er nie ein populärer Volksheiliger. Daß man ihn dennoch bei allen jenen Krankheiten anruft, die früher als Zeichen der Besessenheit galten, hat mit seinem Aufruf zu einem vernünftigen, naturnahen, einfachen Leben zu tun, das dem Teufel und Dämonen keinen Raum bietet. Das war der Grund, warum Bernhard im weiteren Verlauf der Jahrhunderte der Schutzheilige wurde, der gegen die »dämonischen« Leiden des Geistes und der Seele am ehesten Hilfe zu bringen versprach.

Der heilige Bernhard von Clairvaux betete:

So komm denn und heile unsere Blindheit,
komm zu Hilfe unserem schwachen,
unzulänglichen Menschenwesen.
Komm, Du Glanz der göttlichen Herrlichkeit!
Komm, Gottes Kraft und Gottes Weisheit;
wandle unsere Nacht zum Tag,
schütze uns vor Gefahr,
erleuchte die Blindheit,
stärke den Mut in uns,
führe uns treu an deiner Hand und
leite uns Deinem Willen gemäß auf dieser irdischen
Pilgerschaft,
bis Du zuletzt uns aufnimmst in die ewige Stadt,
die Du selbst gegründet und aufgebaut hast.

Bernhardin von Siena

20. Mai

anzurufen gegen Heiserkeit, aber auch bei
Brustkrankheiten und Blutfluß

Bernhardin wurde 1380 in Massa-Carrara geboren. Sein Vater besaß dort ein Bergwerk und war Regierungspräsident. Noch bevor Bernhardin vier Jahre alt war, starben beide Eltern. Verwandte im nahen Siena nahmen das Kind auf und gaben ihm eine neue Heimat. Er studierte an der Universität von Siena, wo er wegen seiner Freundlichkeit und sprichwörtlichen Großzügigkeit mit dem von seinem Vater vererbten Vermögen sehr beliebt war. Als Bernhardin zwanzig Jahre alt war, brach in Siena die Pest aus. Die Reichen flohen scharenweise auf ihre Landgüter. Bernhardin jedoch blieb in der Stadt, obwohl er sich, so wie die anderen wohlhabenden Bürger, aufs Land hätte retten können. Doch er versuchte, nach Kräften und ohne Rücksicht auf seine Gesundheit zu helfen. Bei diesem Einsatz konnte es natürlich nicht ausbleiben, daß er sich ansteckte. Auf den Tod krank, gewann Bernhardin Erkenntnisse, wie sie sonst nur gereiften Menschen als Frucht von Lebenserfahrungen und Enttäuschungen geschenkt werden.

Bernhardin wurde entgegen allen Erwartungen wieder gesund. Er verteilte sein Vermögen an die Armen und bat 1402 um Aufnahme in ein Minderbrüderkloster. Zwei Jahre später wurde er zum Priester geweiht. Anschließend wirkte er jahrelang in einem einsamen Kloster hoch oben in den Bergen, bis er durch einen Zufall aus der Stille in das Licht der Öffentlichkeit treten sollte. Ein Prediger erkrankte, und Bernhardin half aus. Seine Predigt hinterließ einen so großen Eindruck, daß das Volk ihn stürmisch als Fastenprediger für Mailand begehrte, von wo aus er 1417 einen wahren Triumphzug durch ganz Italien antrat.

In seinen Predigten redete Bernhardin nur nach seinem Gewissensgebot. Er verdankte keinem Machthaber seine Stellung und Mittel und fühlte sich nur Gott verantwortlich, wenn er freimütig die Wahrheit sagte und Dinge beim Namen nannte, die vor ihm noch niemand auszusprechen wagte. Die Folgen der Kreuzzüge hatten sowohl Geld als auch Elend nach Italien gebracht. Zum erstenmal führte der krasse Bruch zwischen arm und reich zu schweren Spannungen. Bernhardin, der von Geburt aus reich, aber dem Willen nach arm war, besaß das Vertrauen der Armen und Entrechteten, genoß aber auch die Hochachtung der Reichen und Mächtigen.

Er konnte Gefangene freibitten, Verschuldeten Schuldenerlaß erwirken; wenn nötig, bot er sich sogar selbst als Lösegeld an. Aber was mehr zählte: Bernhardin konnte Menschen zu Gott heimführen. Ehebrecher begannen nach seinen Predigten ein neues Leben, öffentliche Sünder kehrten zur Kirche zurück, Arme und Waisen fanden Aufnahme in Heimen und Spitälern, Familienfehden und Streit wurden beendet, Ordnung und Ruhe zogen in Dörfer und Städte ein.

Mitten in diesem segensreichen Wirken erlebte Bernhardin eine große Enttäuschung. Verleumder hatten ihn in Rom angeklagt, und der Papst verbot ihm das Predigen. Bernhardin erlaubte sich selbst keinen Groll und zog sich wieder in die klösterliche Abgeschiedenheit zurück, bis er 1427 nicht nur rehabilitiert, sondern auch gefragt wurde, ob er Bischof von Siena werden wolle. Bernhardin lehnte ab, war aber froh, wieder in der Öffentlichkeit wirken zu dürfen. Was er über die sozialen Verpflichtungen der Besitzenden sagte, war geradezu revolutionär. Ein Beispiel verdeutlicht, wie überzeugend er sich auch im Alltag für die ihm anbefohlenen Gläubigen einsetzte: Mehrere Einwohner des Dorfes Crema bei Mailand waren wegen ihrer Verschuldungen von Haus und Hof verjagt worden, und ihre Häuser fielen den Plünderungen der Nachbarn zum Opfer. Bernhardin berief eine Konferenz ein und hatte Erfolg: Die Verbannten durften zurückkommen. Als einer der verbannten Bauern das erfuhr, konnte er vor Freude nicht mehr sprechen. Als er heimkam, geschah noch etwas Unerwartetes: Seine Nachbarn brachten ihm den gestohlenen Hausrat zurück.

Es schien tatsächlich so, als ob Bernhardin eine Brücke zwischen unversöhnlichen Gegensätzen geschlagen habe: zwischen arm und reich, zwischen Papst und Kaiser, zwischen Himmel und Erde. Wie alter Wein durch langes Lagern noch kostbarer und feuriger wird, so wurde Bernhardins Wort an der Schwelle des Alters noch gewaltiger, aber auch gütiger. Und endlich erreichte ihn der langersehnte Ruf nach Neapel, dieser schönen Stadt am Meer, der die Sehnsucht seines Herzens immer schon gegolten hatte. Es hieß, der Glaube dort sei »erstarrt wie die Lava des Vesuv, die Sitten glühend vor Leidenschaft und verwahrlost«. Auf dem Weg nach Neapel erkrankte Bernhardin. Er starb am 20. Mai 1444, dem Tag, an dem in jenem Jahr Christi Himmelfahrt gefeiert wurde.

Sein Patronat für die Heiseren und Stimmlosen ist natürlich auf die Episode mit dem Bauern von Crema zurückzuführen – obwohl dieser gütige Heilige, der sich selbst als Pfleger und Tröster in Pestzeiten bewährt hatte, auch in fast jeder anderen Krankheit Beistand verspricht.

Guter, heiliger Bernhardin,
nimm hier mein Opfer hin.
Ich leg die Gabe in Deine Hand.
Sie soll sein für meine Seele ein Pfand.
Doch solange ich noch auf Erden sei,
halt mich von jeder Krankheit frei!

Blasius

3. Februar

anzurufen gegen Kehlkopf- und Halsleiden

Der im dritten Jahrhundert in Armenien geborene Blasius führte ein so vorbildliches christliches Leben, daß ihn die Einwohner der Stadt Sebaste voller Bewunderung zum Bischof wählten. Blasius nahm die Ehre an, zog sich aber dann, einer Eingebung des Heiligen Geistes folgend, in eine Felsenhöhle zurück. Bewacht von wilden Tieren, die ihm so ergeben waren wie gezähmte Haustiere, leitete er von seiner Höhle aus betend, ratend und heilend die Gemeinde, die sich ihm anvertraute. Leider fanden nicht nur die Christen den Weg zu ihm, sondern auch die Schergen des römischen Statthalters Agricola, der die um das Jahr 316 neuerlich angeordnete Christenverfolgung in Szene setzte. Die aus Löwen, Wölfen und Bären bestehende »Leibgarde« des Einsiedler-Bischofs vermochte ihm nicht zu helfen, da er sich ohne jeglichen Widerstand von den Soldaten festnehmen und vor Agricolas Gericht führen ließ.

Es war in diesen Zeiten üblich, daß der Richter versuchte, ihn zum Abfall vom christlichen Glauben zu bewegen. Doch trotz vielfacher Folterungen blieb Blasius seiner Gesinnung treu. So wurde er schließlich in die Todeszelle geschafft, wo er jene Wunder wirkte, von denen noch heute die Legende erzählt. Eines Tages nämlich flehte ihn eine verängstigte Mutter um Hilfe an, weil ihr Sohn an einer verschluckten Fischgräte zu ersticken drohte. Der Heilige segnete den Knaben und rettete ihn damit vor dem Tod. Als er ein andermal vom Gericht in den Kerker zurückgeführt wurde, half er einer armen Frau, indem er ihr das Schwein zurückerstattete, das ihr ein Wolf geraubt hatte. Die Frau vergalt ihm die gute Tat durch ein Geschenk, das außer Fleisch und Brot aus einer Kerze bestand.

Schließlich wurde das Urteil endgültig über Blasius gesprochen, und der Statthalter beschloß, ihn in einem See zu ertränken, in dem vorher Frauen seiner Anhängerschaft die heidnischen Hausgötter des Statthalters versenkt hatten. Wieder geschah etwas Unfaßbares: Blasius segnete vom Ufer aus den zur Richtstätte gewordenen See und ging anschließend bis zu seiner Mitte über das Wasser. Dort angelangt, drehte er sich um und forderte die Vertreter der kaiserlichen Justiz freundlich auf, nun ihrerseits ihr Vertrauen zu den eigenen Göttern unter Beweis zu stellen und ihm auf den See zu folgen. Nicht weniger als achtundsechzig Gerichtsbeamte erfuhren nun, wie wenig die Hilfe ihrer staatlich verordneten Götter taugte – sie versanken in den Fluten.

Das Martyrium war für Blasius dennoch unausbleiblich. Der erzürnte Agricola ließ ihn mit Zangen foltern und ihm mit eisernen Hecheln das Fleisch von den Knochen reißen, bevor er den Tod durch Enthauptung erlitt. In die Gruppe der vierzehn Nothel-

fer wurde er vor allem wegen folgender Stelle in seiner Legende aufgenommen: »Er selbst bat vor seinem Tod zu Gott, daß, wer immer um seinen Schutz bei einer Krankheit der Kehle oder bei einer anderen Krankheit flehte, erhört wurde und beständig davon befreit wäre. Und siehe, es erscholl eine Stimme vom Himmel, die ihm die Gewährung der Bitte verhieß.«

Durch sein Wunder an dem Knaben, der beinahe an einer Fischgräte erstickt wäre, wurde der Heilige also der Patron der Kehlkopf- und Halsleidenden. Daher stammt auch der Brauch, am 3. Februar die Halsleidenden unter Vorhaltung zweier gekreuzter Kerzen mit dem Blasius-Segen zu segnen, damit sie das kommende Jahr von Schmerzen freiblieben. In Rom verrichtete man in früheren Jahrhunderten den Blasius-Segen durch Bestreichen des Halses mit einer in Öl getauchten Kerze. In manchen alpenländischen Gemeinden wurden am 3. Februar Brötchen in Stangenform geweiht und unentgeltlich ans Volk verteilt. Litt jemand an Halsweh, so mußte er einfach ein Stück vom »Blasius-Brot« abbeißen und verzehren, und er war geheilt.

Seit dem elften Jahrhundert wird jedes Jahr am 3. Februar in der Kirche der Blasiussegen erteilt. Der Priester hält zwei gekreuzte Kerzen an den Hals des Gläubigen und spricht dabei segnend:

Durch die Anrufung des heiligen Bischofs und Märtyrers Blasius befreie und bewahre dich der Herr von allem Übel des Halses und jedem anderen Übel im Namen des Vaters, des Sohnes und des Heiligen Geistes. Amen.

Christophorus

24. Juli

anzurufen gegen plötzlichen Tod, Epilepsie und andere Nervenleiden, Muskelschwund, früher auch gegen die Pest

Ein Besuch im niederösterreichischen Wallfahrtsort St. Christofen am 24. Juli würde anschaulich vor Augen führen, daß Sie mit Ihrem Vertrauen zu Schutzpatronen nicht allein sind. Alljährlich finden sich dort Hunderte von Autofahrern ein – und keineswegs nur mit überholten oder schrottreifen Modellen –, um an seinem Namenstag den Segen des Heiligen auf sich und ihr Fahrzeug herabzurufen.

Mit dem Brauch dieser Autoweihe wird eine alte Tradition fortgeführt. Denn schon im Mittelalter, in dem die beschwerlichen Märsche und Reisen mit vielen Gefahren verbunden waren, wurde Christophorus als Beschützer der Pilger und Wanderer nicht nur angerufen, sondern weithin sichtbar auf viele Kirchen- und Klostermauern gemalt. Der Reisende sollte allein schon aus

dem tröstlichen Anblick des Riesen, der das Jesukind so behutsam auf seiner Schulter trägt, Mut und Zuversicht für den weiteren Weg schöpfen. Die todbannende Wirkung dieses Bildes beschreibt ein Meistersinger des fünfzehnten Jahrhunderts:

Desselben Tages (24. Juli) sollten han
Christoforum, den großen Mann,
der Christentum uff sine Achsel treit;
wer den ansieht, dem geschicht kein Leit
an dem Tag, wo er sein Antlitz seiht.

Um plötzliches Sterben und tödliche Unfälle abzuwenden, galt es daher, möglichst viele Christophorus-Bilder an weithin sichtbaren Orten anzubringen. Im österreichischen Bundesland Kärnten, einem Zentrum der Christophorus-Verehrung, existierten deshalb noch im vorigen Jahrhundert an die sechshundert Pfarr- und Filialkirchen, die ein solches Heiligenbild aufzuweisen hatten. Im gesamteuropäischen Raum soll es über dreitausend Kultorte geben.

Hatte man schon in früheren Zeiten Grund, durch Gebete und Anrufungen einen frühen und unerwarteten Tod abzuwehren, so ist der Anlaß im Zeitalter der Motorisierung mit den statistisch errechenbaren Unfallzahlen vielleicht noch dringender als früher. Daß in vielen Fällen der einstige Glaube zum Aberglauben verkommen ist, der sich nunmehr in einem kitschigen Schlüsselanhänger oder einem sinnentleerten Klebebild niederschlägt, sollte die Hinwendung zu diesem Nothelfer nicht entwerten.

Fragen Sie nun nach der Herkunft und Geschichte dieses Heiligen, der zu so hohem Ansehen gelangt ist, daß ihm die Kunst des Mittelalters und der Renaissance Tausende von Darstellungen widmete, so erteilt die Legende folgende Auskunft: »Stolz auf seine Größe, wollte der Heilige, der damals Offerus hieß und Soldat in Kanaan war, in den Dienst des mächtigsten Fürsten der Erde treten. Als er aber den gefunden zu haben glaubte, sah er, daß dieser sich vor dem Teufel fürchtete. Da aber auch den Teufel vor dem Kruzifix die Angst ergriff, beschloß er, in den Dienst Christi zu treten. Von einem Eremiten ließ er sich dazu verpflichten,

Die Heiligen Leonhard, Ägidius, Christopherus und Florian.
Hinterglasmalerei in Gmund am Tegernsee

Der heilige Benedikt. Filialkirche St. Benedikt in Gelting bei Wolfratshausen

christliche Pilger durch einen Fluß zu tragen. Da bat einst bei Nacht auch ein Knäblein um seine Dienste. Als er das Kind auf seinen Rücken genommen hatte und mit Hilfe eines als Stock verwendeten Baumstamms durch die Strömung watete, glaubte er bald, unter seiner Last zusammenzubrechen. Als er seine Verwunderung darüber ausdrückte, gab sich das Kind mit folgenden Worten zu erkennen: ›Wundere dich nicht; nicht bloß die ganze Welt hast du auf dir gehabt, sondern auch den, der sie geschaffen hat. Ich bin Christus, dein Herr, dem du dienst!‹ Schließlich drückt ihn das Kindlein unter Wasser und tauft ihn mit den Worten: ›Offerus heißt du und Christophorus sollst du heißen, weil du den Heiland getragen hast.‹ Damit verschwindet das Christuskind, und zum Zeichen des Wunders ergrünt der Baumstamm, den er als Stock benützt hatte.«

Über das weitere Leben des Christophorus wird nur noch berichtet, daß er den Märtyrertod um das Jahr 250 erlitt. Während seines Martyriums erbat er von Gott, allen zu ihm Flehenden in Todesgefahr beistehen zu dürfen. Bischof Eulalius weihte ihm zum Gedächtnis an diese Bitte und die standhaft ertragenen Folterschmerzen im Jahr 452 eine Kirche, in der Christophorus auch gegen Epilepsie und andere Nervenleiden angerufen wurde.

Eine Beschwörungsformel gegen solche Beschwerden ist überliefert:

> Gegen die Schwinde *(Muskelschwund etc.)*
> *Im Namen Gottes grüße ich Dich,*
> *Krampfgicht, Schwünde und kaltes Gesücht (= Sucht).*
> *Im Namen Gottes biete ich Dir aus*
> *mit Gott und seinem Jüngsten Gericht,*
> *ziehe aus: aus diesem Glied,*
> *ziehe aus: aus Mark, Haut, Haaren und Bein;*
> *aus seinem Blut und Fleisch,*
> *ziehe aus, aus allen seinen Nerven und Äderlein!*

Dieser Spruch sollte über dem befallenen Körperteil oder dem ganzen Menschen an drei aufeinanderfolgenden Tagen jeweils dreimal vor Sonnenaufgang gesprochen werden.

1386 entstand die berühmte Christophorus-Bruderschaft in Tirol, die das bekannte Hospiz für die Wanderer im nunmehr exklusiven Wintersportort St. Christoph am Arlberg erbaute, um edlen Pilgern auf dem Weg ins Heilige Land an einem Kreuzungspunkt der europäischen Pilgerrouten Unterkunft und Erquickung zu bieten.

Die örtliche und private Verehrung und die beliebte Autoweihe beweisen die ungebrochene Popularität des Heiligen.

Cyprian von Karthago

16. September

anzurufen bei Epidemien und Seuchen;
früher gegen die Pest

Der junge Cyprian genoß als Sohn einer vermögenden, aristokratischen Familie Karthagos eine so hervorragende Erziehung, wie es sich zu Beginn des dritten nachchristlichen Jahrhunderts nur denken läßt. Nach Abschluß seiner Studien wirkte er als Lehrer der Rhetorik und als Advokat in seiner Heimatstadt. Sein Wohlstand erlaubte ihm, alle Freuden des heidnischen Lebens in vollen Zügen zu genießen. Doch schon damals klagte er inmitten des sorglosen Treibens über ein bedrückendes Gefühl der Leere. Dieses Gefühl machte ihn zugänglich für den Einfluß des Priesters Cäcilius, der sein Herz dem Glauben an Christus öffnete. Cyprian war schon älter als vierzig Jahre, als er in der Osternacht des Jahres 246 die Taufe empfing.

Von Anfang an zeigt Cyprian, wie ernst er sein christliches Leben nahm. Er legte das Gelübde der Keuschheit ab und verschenkte einen großen Teil seiner Besitztümer an die Armen. Außerdem verzichtete er auf die gewohnte Lektüre heidnischer Schriften und widmete sich dem ausschließlichen Studium der Heiligen Schrift. Das ernste Streben Cyprians bleibt natürlich nicht verborgen. Er wurde schon bald zum Priester geweiht, und nach dem Tod des Bischofs Donatus wählte ihn die Christengemeinde von Karthago ungeachtet seines Sträubens zu ihrem Bischof. Da die große Stadt damals als Zentrum des römisch verwalteten Teils von Afrika galt, erlangte er mit der Übernahme dieses Amtes eine Vorrangstellung unter den damals etwa hundertfünfzig afrikanischen Bischöfen.

Die zehn Jahre seines bischöfichen Wirkens waren eine Zeit fast ununterbrochener Kämpfe und Leiden. Cyprian war sich bewußt, daß in den christlichen Gemeinden und auch im Klerus manche Mißstände herrschten. Er bekämpfte sie mit seinen besten Waffen: seinem vorbildlichen Lebenswandel, seiner beachtlichen Aktivität, mit der er sich für seine Gläubigen einsetzte, und seinem klugen Unterscheidungsvermögen, das ihn immer die rechte Mitte zwischen allzu harter Strenge und großer Nachsicht einhalten ließ.

Die segensreichen Anfänge seines bischöflichen Wirkens wurden durch die Christenverfolgung, zu der Kaiser Decius aufrief, brutal unterbrochen. Da der Kaiser die Christen als störende Faktoren in der Ordnung seines Reiches betrachtete, forderte er 250 Statthalter auf, sie zur Teilnahme am öffentlichen Kult zu zwingen. Wer bis zu einem festgesetzten Termin den Göttern des Römischen Reiches nicht das vorgeschriebene Opfer dargebracht hatte, wurde als Staatsfeind bezeichnet, eingekerkert und schweren Foltern unterzogen. Dabei hatten die Statthalter es natürlich ganz besonders auf die führenden Häupter der Gemeinden abgesehen. Man rechnete damit, mit der Masse des christlichen Volkes leichter fertig zu werden, wenn sie keine Vorbilder mehr hatte.

Cyprian blieb nichts anderes übrig, als sich ein Jahr lang in einem Unterschlupf in der Nähe Karthagos aufzuhalten, von wo er seine Gläubigen weiter betreuen konnte und doch vor dem Zugriff der römischen Verfolger sicher war. Trotzdem konnte er nicht verhindern, daß eine große Schar vom Glauben abfiel. Viele jedoch blieben dem Christentum treu und schreckten sich nicht, mit Leib und Leben für ihre Überzeugung einzustehen.

Nachdem der erste Verfolgungsschub abgeflaut war, wollten viele Wankelmütige wieder in den Schoß der christlichen Kirche zurückkehren. Aber die Kirchenväter konnten sich über die Buße, die sie ihnen auferlegen wollten, nicht einigen. In dieser Situation entstanden innerkirchliche Auseinandersetzungen, und Cyprian mußte alle seine Energie und seine diplomatische Klugheit daransetzen, die Einheit und den inneren Frieden der Kirche wiederherzustellen und zu erhalten. Als es schien, als hätten seine unermüdlichen Bemühungen endlich den gewünschten Erfolg, brach 257 wieder eine Christenverfolgung aus. Diesmal war Cyprian einer der ersten, die dem römischen Prokonsul zur Aburteilung vorgeführt wurden. Er wurde zwar vorübergehend noch einmal freigelassen, aber ein nächtlicher Traum verkündete ihm, daß er dazu ausersehen war, Blutzeuge zu werden. Cyprian erfüllte weiterhin seine bischöflichen Pflichten, doch im Wissen um den Ruf Gottes verließ er nun nicht mehr seinen Wohnsitz – die Häscher sollten ihn finden, sobald sie kämen.

Cyprian mußte nicht lange warten. Die Schergen des todkranken Prokonsuls holten ihn ab, und er wurde neuerlich verhört. Da er unbeugsam blieb, wurde schließlich das Urteil gesprochen:

»Thascius Cyprianus soll durch das Schwert sterben.« Cyprian antwortete: »Gott sei Dank!« Da viele gläubige Christen dem Prozeß beiwohnten, entstand ein großer Tumult. Manche wollten ihn retten, andere wieder verlangten, mit ihm zu sterben. Doch Cyprian besänftigte den Aufruhr, ließ sich auf ein freies Feld vor die Stadt führen und legte seinen roten Bischofsmantel ab. In der leinenen Tunika warf er sich zum Gebet nieder. Schließlich legte er sich selbst die Binde vor die Augen und erwartete standhaft die Vollendung seines Martyriums.

Es mag mit dem guterhaltenen dokumentarischen Lebensbericht zusammenhängen, den es über Cyprian gibt, daß sich nur wenig Legendäres um seine Person rankt. Wo Tatsachen verbürgt sind, bleibt wenig Platz für Phantasie. Deshalb hat Cyprian vermutlich trotz seiner beispielhaften Biographie nicht jene Volkstümlichkeit erlangt, deren sich andere Heilige erfreuen. Nichtsdestoweniger wurde er im Mittelalter immer wieder angerufen, wenn es darum ging, Pest und Seuchengefahr abzuwenden. In späteren Jahrhunderten wandelte sich das Pest-Patronat, so daß dem heiligen Cyprian seine Nothelferrolle vor allem bei Epidemien zukam.

Dionysius

9. Oktober

anzurufen bei Kopfschmerzen

Um die Mitte des dritten Jahrhunderts war die Siedlung Lutetia Parisiorum eine völlig bedeutungslose Stadt. Nichts wies darauf hin, daß sie in späteren Jahrhunderten als die Seine-Metropole Paris das kulturelle und politische Geschehen Europas mitbestimmen sollte. Deshalb machte sich auch kaum jemand die Mühe, die frühen Lebensjahre des Priesters Dionysius aufzuzeichnen, der in jener Zeit als Bischof eingesetzt wurde und die Gegend missionieren sollte.

Mit Hilfe einiger getreuer Glaubensbrüder gelang es Dionysius tatsächlich, eine gut organisierte Christengemeinde um sich zu versammeln. Das aber rief das Mißtrauen des römischen Statthalters hervor, der den Bischof einkerkern ließ und zum römischen Staatskult zwingen wollte. Da ihm dieses Vorhaben nicht glückte, wurde Dionysius, gemeinsam mit mehreren seiner Getreuen, enthauptet.

Es gelang den Römern jedoch nicht, das Andenken an den Märtyrer zu töten. Sein Grab war das Ziel frommer Christen, und mehr als zweihundert Jahre später ließ die heilige Genovefa ihm zu Ehren eine Basilika errichten, die eine würdige Gedenkstätte für den ersten Bischof von Paris wurde. Schon gegen Ende des sechsten Jahrhunderts war die Grabkirche des heiligen Dionysius reich und berühmt. Diese Tatsache hatte aber auch ihren Nachteil: Bei einem Kriegszug des Fürsten Sigebert wurde die prunkvolle Basilika geplündert. Dabei erbeuteten die Räuber außer einem beträchtlichen Schatz an Münzen den reichlich mit Gold und Edelsteinen verzierten Grabschleier. Doch es scheint, daß der Heilige trotz der geflohenen Wächter stark genug war, sein eigenes Grab zu schützen: Der Krieger, der die geraubten Münzen um den Hals trug, fiel über Bord seines Schiffes und ertrank in der Seine. Das wiederum veranlaßte den schuldbewußten Anführer, dem offensichtlich erzürnten Heiligen umgehend den entwendeten Grabschleier zurückzuerstatten.

Der Gewohnheit der Zeit entsprechend, dauerte es nicht lange, bis Mönche die Wache am Grab des Heiligen übernahmen und die fränkischen Könige die reiche Basilika in eine Abtei umwandelten. Damit war der Grund gelegt für das heute noch bekannte Kloster St-Denis, das durch päpstliche Privilegien und als Grabstätte der französischen Könige zu einer der berühmtesten Abteien des Mittelalters wurde.

Wenn der heilige Dionysius vor allem in Frankreich als Märtyrer bekannt und als Nothelfer geschätzt wurde, so spricht nichts dagegen, ihn auch hierzulande um seine Hilfe bei Kopfschmerzen zu bitten. Durch seinen Enthauptungstod liegt es ja nahe, daß er vor allem für Linderung von Kopfschmerzen und -leiden zuständig ist:

Ich prüfe, was mich anweht
und alles, was Dich angeht:
alles, was der heilige Dionys leid't
nimm von mir zu dieser Zeit.
Hilf mir, Herr Jesu Christ,
dem dieses Wasser geweihet ist.

Bei diesen Worten bekreuzigte man sich mit Weihwasser.

Dominikus

8. August

anzurufen bei Fieber

Als Stifter des heutzutage noch bekannten und angesehenen Dominikanerordens ist der heilige Dominikus in die Geschichte eingegangen. Er wurde 1170 in Spanien geboren, wo seine Eltern ausgedehnte Güter besaßen. Schon als Knabe verließ er den Schoß der Familie und kam zur Erziehung in ein Kloster, in dem ihn ein Onkel in die Anfangsgründe der Bildung und des Kirchendienstes einführte. 1190 ging er in die Domschule nach Palencia, da er Priester werden wollte. Aus seiner damaligen Lektüre und den Randbemerkungen, mit denen er die Bücher versah, ist bereits eine tiefe christliche Einstellung zu erkennen. Als dann Palencia wie ganz Kastilien von einer Hungersnot heimgesucht wurde, verkaufte Dominikus seine kostbaren Bücher. Mit dem Erlös besorgte er Nahrungsmittel für die Hungernden. Der erste Ausspruch, der von ihm in diesem Zusammenhang überliefert ist, lautete: »Was soll ich über diesen toten Fellen studieren, wo draußen auf der Straße meine Mitmenschen vor Hunger zusammenbrechen?«

Nach Abschluß der Studien wurde Dominikus zum Priester geweiht und in das Chorherrnstift Osma aufgenommen. Es dauerte nicht lange und der Papst sandte ihn und mehrere seiner Glaubensbrüder zur Missionierung in den Norden Europas. Es wird berichtet, daß die frommen Reisenden in einer Herberge in Toulouse abstiegen, wo der Herbergsvater Anhänger eines Irrglaubens war. Dominikus verwickelte ihn in ein intensives Gespräch. Mit Ruhe und Ausdauer widerlegte er während der ganzen Nacht die falsche Lehre des Wirts und ließ die Lehre Christi aufleuchten. Als der Morgen graute, schwor der Herbergsvater seinem Irrglauben ab.

Ein späterer Auftrag führte Dominikus nach Südfrankreich, wo es den päpstlichen Legaten nicht geglückt war, die überwiegend

arme Bevölkerung zur Wahrheit des Christentums zu bekehren. Im Gegensatz zu den überheblichen und anmaßenden Legaten traten Dominikus und seine Gefährten bescheiden auf, zogen als arme Prediger durchs Land, suchten die Ungläubigen auf und gewannen sie durch geduldige Religionsgespräche.

Neben der Missionierung von Irrgläubigen und lauen Christen bemühte sich Dominikus auch in besonderem Maße um die Heranziehung der Frauen in Sachen des Glaubens. Dabei ging es nicht nur um das weitverbreitete Nonnentum, sondern auch um ein religiöses Bildungswerk für christliche Laienfrauen. Eine Reihe von Aufträgen, denen nicht nur Dominikus, sondern auch seine Brüder mit Eifer Folge leisteten, machten den Orden immer mehr zum klassischen Predigerorden, was auch vom damaligen Papst Honorius III. durch einen entsprechenden Schutzbrief anerkannt wurde. Nun widmete sich Dominikus mit verstärkter Kraft der inneren Reform der Kirche. Auf zwei innerkirchlichen Großveranstaltungen, 1220 und 1221 in Bologna, wurde der Verzicht auf Grundbesitz, die Beschränkung auf Konvent und Garten, die Tätigkeit in der eigenen Kirche und priesterliche Mithilfe in der Seelsorge, die Zentralgewalt des Ordenspriors und die Obergewalt des Generalkapitels beschlossen.

Was war neu an diesem Konzept? Der Orden gelobte Armut, und die öffentliche Seelsorge wurde wichtiger genommen als die klösterliche Meditation. Natürlich war es nicht einfach gewesen, dieses Ideal durchzusetzen. Die Gesundheit des Dominikus hatte unter den aufreibenden Auseinandersetzungen gelitten, aber er trug sein schweres Magenleiden in ruhiger Heiterkeit. Auch auf seinen Tod bereitete er sich in innerem Frieden vor. Vor dem Sterben versicherte er seinen Brüdern, er werde ihnen im Jenseits nützlicher sein als im Leben. Dann empfing er die Sakramente und starb mit knapp 50 Jahren am 6. August 1221 in Bologna, wo er im rechten Seitenschiff der Kirche S. Domenico ein prachtvolles, vielbesuchtes Grab erhalten hat.

Die Anrufung des Dominikus, der 1234 heiliggesprochen wurde, soll vor allem bei Fieber und fieberhaften Erkrankungen geholfen haben.

Elisabeth von Thüringen

19. November

anzurufen bei Zahnschmerzen

Elisabeth gehört zu jenen Heiligen, deren strahlende Kraft nie nachgelassen hat und zu der sich alle Menschen ohne Rücksicht auf Alter und Stand stets hingezogen fühlen. Die in Ungarn geborene Prinzessin wurde im Alter von vier Jahren mit einem deutschen Grafensohn verlobt. Beide Elternpaare erhofften sich von der Verbindung ihrer Kinder die Garantie für ein friedliches Einvernehmen. Der prunkliebende deutsche Landgraf Hermann war dabei sicher auch vom Reichtum des ungarischen Hofes beeindruckt. Tatsächlich gab man der kleinen Königstochter ein prächtiges Gefolge und eine Fülle von Schätzen mit auf den Weg in die neue Heimat. Sie sollte nämlich auf der Wartburg aufwachsen und in den Sitten und Umgangsformen jenes Landes erzogen werden, in dem sie ihr weiteres Leben verbringen würde. Das freundliche, lebhafte Mädchen gewann bald viele Freunde. Auch mit Ludwig, ihrem Bräutigam, traf sie häufig zusammen. Zum Glück fühlten die beiden jungen Menschen jenseits der Staatsraison eine echte und tiefe Zuneigung füreinander.

Die Landgräfin Sophie hätte mit dieser Entwicklung der Dinge zufrieden sein können. Dennoch beobachtete sie mit wachsendem Mißtrauen das Verhalten Elisabeths. Nicht nur, daß das Mädchen oft und oft ein Spiel »Gott zulieb« unterbrach – es gab sich auch viel zu oft mit den Kindern niedriggestellter Leute ab. Außerdem verschenkte Elisabeth ständig Dinge aus ihrem Besitz und vermochte es kaum, jenes vernünftige »Maß« in ihrem Verhalten zu erfüllen, das ein wichtiger Tugendpfeiler sogenannter »hochgestellter« Frauen im Mittelalter war. Kurz gesagt: Sie erregte mit ihrem Benehmen, das so gar nicht dem damals üblichen Muster entsprach, Anstoß am Hofe eines so angesehenen Landgrafen. Und hätte nicht ihr Bräutigam Ludwig sie gegen alle Anfeindungen und Verdächtigungen in Schutz genommen und sich durch eine frühe Heirat endgültig für sie entschieden, so wäre sie vermutlich von Thüringen wieder nach Hause geschickt worden.

Nach der Hochzeit aber war ihr Glück vollkommen. Ihre spontane, gegenseitige Liebe macht das junge Paar frei von manchem Zwang höfischer Etikette. Elisabeth unternahm zusammen mit Ludwig weite Ritte, stellte ihre Gefühle offen zur Schau und saß mit ihm an einer Tafel, obwohl diese Sitzordnung der herkömmlichen Sitte zuwiderlief. Dabei kam aber auch nie ein Zweifel darüber auf, daß Elisabeths Herz neben aller Liebe für ihren jungen Ehemann auch Gott gehörte. Und Ludwig war großmütig genug, Gottes Anspruch an seine Ehefrau nicht im Wege zu stehen. Er sah es ihr nach, wenn sie nachts bisweilen das gemeinsame Lager verließ und sich zu Bußübungen auf den kalten Fußboden legte. Er tadelte sie nicht, wenn sie an der gemeinsamen Tafel keine Nahrung zu sich nahm, weil sie sich durch ein Gelübde zum Fasten verpflichtet hatte. Und er stellte sich mit seiner ganzen Autorität hinter sie, als sie im Hungerjahr 1225 die gräflichen Truhen und Speicher öffnen ließ, um die Armen zu sättigen.

Das ungewöhnliche Einvernehmen des Ehepaares in wohltätiger Gottesliebe wird auch durch eine Szene illustriert, die in einer

der ältesten Lebensbeschreibungen Elisabeths erzählt wird: Die junge Landgräfin hatte während der Abwesenheit des Gatten einen Aussätzigen ins Schloß gelassen, wo sie ihn selbst pflegen wollte. Elisabeth sah keine andere Möglichkeit, als den Kranken, der von allen gemieden wurde, in das Bett ihres Mannes zu legen. Als Ludwig heimkam und Dienstboten ihm von dem Vorfall erzählten, stürzte er zornig in sein Schlafgemach. Als er aber den alten Mann in seinem Bett liegen sah, öffnete ihm Gott die Augen, und Ludwig sah den gekreuzigten Christus an seiner Stelle. Da schloß er Elisabeth in seine Arme und lobte sie für ihre Wohltätigkeit. Eine andere Legende berichtet, daß Elisabeth gegen den Wunsch ihres Gatten wieder einmal wohltätige Gaben zu den Armen trug. Als der Ehemann sie dabei ertappte und ihr befahl, den Korb zu öffnen, enthielt dieser nur eine Fülle duftender Rosen.

Alle Gottesliebe konnte Elisabeth kaum trösten, als ihr Ehemann 1227 zum Kreuzzug aufbrach. Vielleicht ahnte sie, daß sie ihn nie wiedersehen würde. Ohne je das Heilige Land zu erreichen, erlag Ludwig auf der weiten Reise einer Seuche. Man wagte kaum, der Gräfin die traurige Nachricht zu überbringen. Als sie sie endlich doch erfahren mußte, stieß sie einen Schrei aus und rief: »Ach, mein Herr Gott, nun ist mir alle Welt tot!«

Ohne Ludwig konnte und wollte Elisabeth ihr Leben auf der Burg nicht weiterführen. Freiwillig trat sie bei Nacht und Nebel den Gang ins Ungewisse und in die Armut an. Ihr Ratgeber auf dieser letzten Strecke ihres Lebens war der Priester Konrad von Marburg, der sich um ihr Seelenheil auch schon bemüht hatte, als sie noch glückliche Landgräfin war. Konrad selbst lebte in Armut und strenger Askese. Er sah seine Lebensaufgabe darin, der »Heiligkeit«, die er in Elisabeth zu Recht vermutete und spürte, zum vollen Durchbruch zu verhelfen. Daß er dabei eine, für heutige Begriffe, unmenschliche Strenge anwandte, die bei Elisabeths Frömmigkeit und Gehorsam sinnlos und überflüssig war, nahm ihm Elisabeth, die sich bemühte, sanftmütig und zurückhaltend zu sein, nie übel. Aber es fiel ihr immer noch schwer, ihren Überschwang in vernünftigen Grenzen zu halten. Zwar sorgte sie einigermaßen für ihre Gesundheit, da sie sich dem Dienst an ihren kranken Mitmenschen noch lange erhalten wollte. Aber ihr Verlangen nach Armut und Demütigung spricht für ihre aufrichtige Gottergebenheit. Unter Tränen bat sie ihren Seelenführer, er möge sie am Karfreitag zugunsten der Armen von Tür zu Tür betteln gehen lassen.

Von ihrem Witwenvermögen errichtete sie in Marburg ein Hospital. Dort diente sie als Pflegerin im grauen Gewand der Töchter des heiligen Franziskus. Am liebsten pflegte sie die Alten und Kinder, hatte sie doch ihre eigenen drei Kinder hergeben müssen, weil sie ihnen ihr entbehrungsreiches Leben nicht zumuten konnte. Im November des Jahres 1231 erkrankte Elisabeth jedoch selbst. Sie verschenkte ihre letzte Habe und sprach ihren Gefährtinnen Mut und Trost zu. Am 16. November starb sie, umstrahlt von einer überirdischen Glückseligkeit. Sie wurde in Marburg bestattet und bereits vier Jahre nach ihrem Tod heiliggesprochen.

Das Patronat über die Zahnleidenden teilt sich Elisabeth mit einigen anderen Heiligen, deren Lebensgeschichte sie vielleicht eher für diese Art der Nothilfe geeignet erscheinen läßt. Und doch kann man die Hinwendung zu dieser temperamentvollen und menschlichen Fürsprecherin immer wieder empfehlen. So wurde beispielsweise noch im vorigen Jahrhundert in Marburg gebetet:

Heilige Elisabeth, Du helles Licht,
für den Zahn und für die Gicht.
Benimm mir all meine Würmelein,
die mir verzehren mein Gebein.

Florian

4. Mai

anzurufen bei Wasser- und Ertrinkungsgefahr
sowie bei Brandwunden

Der Soldat Florian hatte lange im römischen Heer gedient. Nach seinem Ausscheiden übertrug man ihm ein einflußreiches Amt in der Kanzlei des römischen Statthalters von Ufernoricum, einer

Provinz, die von Passau bis Enns reichte. In den römischen Garnisonen und Verwaltungsbehörden hatte im dritten Jahrhundert das Christentum eine immer noch wachsende Anhängerschaft gefunden. So war es nicht ungewöhnlich, daß auch Florian Christ war.

Als 303 unter dem römischen Kaiser Diokletian eine neue Christenverfolgung ausbrach, wollte er einer Gruppe von Christen, die in einem Ort namens Lorch eingekerkert waren, zu Hilfe kommen. Florian verfolgte dabei die alte christliche Praxis, die Verhafteten im Gefängnis zu besuchen, um sie durch das gemeinsame Gebet im Glauben zu stärken. Dabei wurde auch Florian festgenommen und vor den Richter Aquilinus geführt. Dieser ließ ihn, als er sich stolz zu seinem Glauben bekannte, foltern und schlagen. Da er seinen Glaubensmut auch durch die Folter nicht verlor, wurde er schließlich zum Tode verurteilt. Darüber berichtet die alte Legende mit folgenden Worten:

»Nachdem man ihm einen großen Stein an den Hals gehängt hatte, stürzte ihn ein wütender Jüngling in den Fluß und sogleich erblindeten dessen Augen. Der Fluß aber erschrak, da er den Märtyrer Christi empfing, und mit gehobenen Wogen legte er seinen Leichnam auf einen hervorragenden Felsen. Dann kam auf Gottes Befehl ein Adler und schützte ihn mit ausgebreiteten Flügeln. Aber der heilige Florian erschien in einer Vision einer gottergebenen Witwe und zeigte ihr den Ort, wo sie ihn begraben sollte. Auf die Mahnung dieses Gesichtes spannte nun die Frau sogleich die Zugtiere an, fuhr zum Flusse, barg den Toten unter Reisig und führte ihn zum Begräbnisorte. Als die Ochsen ermatteten, bat die Frau zitternd den Herrn, ihr zu helfen. Sogleich entsprang eine reiche Quelle, und die erquickten Tiere führten ihn zu jenem Orte, und sie begrub ihn.« Über seinem Grab wurde übrigens in späteren Jahrhunderten das bekannte Chorherrenstift St. Florian errichtet.

Diese Legende breitete sich vor allem im süddeutschen Raum und in Österreich aus, so daß er einer der volkstümlichsten Heiligen dieses Gebietes wurde. Immer wieder riefen die Menschen in Wassergefahr zu ihm, was angesichts seiner Todesart klar abzuleiten ist. Gleichzeitig gilt der heilige Florian aber auch als Patron des rettenden Quell- und Regenwassers, wenn etwa eine Dürre Felder und Äcker bedroht. Und da das lebensspendende Wasser auch zum Löschen eines Brandes notwendig ist, wurde er ohne lange Umwege auch zum Nothelfer gegen Feuergefahr und Brände. Es konnte nicht ausbleiben, daß ihn das fromme Volk nun auch zur Hilfe bei Schäden anrief, die durch das Feuer entstanden waren, also auch bei Brandwunden und ähnlichen Verletzungen:

Der heilige Florian ging über Land,
da sah und roch er einen Brand.
Auf hob er seine Hand:
Er segnet den Brand,
daß er erlosch.

Aus diesem Segensspruch ist nicht mehr klar ersichtlich, ob es sich um einen Brand oder um Brandwunden handelt, die besprochen werden. Eindeutig auf Brandverletzung weist aber der folgende Segen hin:

Der heilige Florian ging über Land,
da sah er einen Mann
der hatte den Brand in der Hand.
Florian streck aus deine milde Hand
und lösch den Schmerz und lösch den Brand!

Franziskus von Assisi

4. Oktober

anzurufen bei Erkrankungen des Magens, der Milz, Leber und bei Kopfschmerzen; früher auch gegen die Pest

Von seiner Jugend sagte der 1181 in Assisi geborene Franziskus, sie sei »vergeudet« gewesen. Er war alles andere als ein Kind von Traurigkeit, denn er war begeistert von den Idealen, Liebesliedern und Trinkgelagen der französischen Troubadours.

Mit fast 25 Jahren erfuhr dieses Playboy-Leben eine radikale Änderung. Von da an suchte Franziskus seine leibliche und seelische Heimat ganz im Schoß der Kirche. In seiner spät gewonnenen christlichen Überzeugung ging er aber dann weiter als fast alle seine Glaubensbrüder in jener Zeit. Anfangs hatte man ihn deshalb wie einen Irren verspottet. Doch sein religiöser Ernst besiegte die Spötter, und bald genoß er die Verehrung des frommen Volkes. »Wenn er in eine Stadt kam«, so wird berichtet, »freute sich die Geistlichkeit, läuteten die Glocken, frohlockten die Männer, und die Frauen freuten sich mit ihnen, die Knaben klatschten in die Hände, brachen Zweige von den Bäumen und zogen ihm entgegen.«

In seinem Testament schrieb Franziskus rückblickend, daß Gott selbst ihm den richtigen Weg gewiesen habe: Nicht nur, indem er ihn zum tätigen Christentum bekehrte, sondern indem er ihn auch darauf hinwies, wie er zu leben hätte, nämlich nach den Worten des Evangeliums. Das Evangelium besagt, daß wahre und tätige Christen weder Gold noch Silber noch Geld in ihrem Gürtel haben sollten, und »auch keine Taschen und keine zwei Röcke haben und keine Schuhe und keinen Stab tragen sollten«. Als Franziskus diese Worte hörte, erfüllte ihn unsagbare Freude und er rief aus: »Das ist es, was ich begehre! Das ist es, wonach ich von ganzem Herzen verlange!«

Sofort ging Franziskus daran, das, was er begriffen hatte, in die Tat umzusetzen. Doch er wollte seinen Mitbrüdern und sich selbst

keine selbsterfundene Lebens- und Ordensregel geben. Wieder suchte er einen göttlichen Fingerzeig. Er fand ihn, als er bei seinem nächsten Gebet eine kleine Kirche aufsuchte und das Evangelienbuch aufschlug. Da stand: »Wenn du vollkommen sein willst, verkaufe alles, was du hast, und gib es den Armen... Wer Mir nachfolgen will, verleugne sich selbst. Er nehme sein Kreuz auf sich und folge Mir nach.«

Nach diesen Weisungen gestaltete Franziskus von nun an sein Leben und das seiner Anhänger. Auch später, als die wachsende Gemeinschaft es notwendig machte, weitere Bestimmungen hinzuzufügen, betrachtete er sein Leben und das seiner ersten zwölf Gefährten als Einhaltung des Evangeliums und Wandel auf den Spuren Christi. Seine Grußworte beim Betreten eines Hauses und der Beginn seiner Predigten lauteten immer: »Der Friede sei diesem Hause.« Franziskus befolgte immer den Aufruf: »Jedem, der bittet, gib!« Er gab spontan Stücke seiner eigenen Kleidung her und verschenkte sogar das Evangelienbuch vom Altar weg, um Armen zu helfen. Als er im Evangelium las: »Wenn dir jemand den Rock nimmt, gib ihm auch den Mantel«, erklärte er die Verteidigung des Eigentums für sinnlos und sogar sündhaft. Dem Bischof von Assisi, der den Orden gerne besser ausgestattet hätte, gab er zur Antwort: »Herr, wenn wir Eigentum hätten, bräuchten wir zu dessen Schutz auch Waffen... Darum wollen wir in dieser Welt keinerlei Eigentum.«

Auch im Leiden wollte Franziskus Christus ähnlich werden. Zwei Jahre vor seinem Tod betete er auf dem Berge La Vernia, Christus möge ihn an Leib und Seele die Schmerzen fühlen lassen, die er während seines bitteren Leidens ausgestanden hatte. Da erschien ihm ein Engel, und an seinen Händen, Füßen und in der Seite prägten sich die Wundmale ein, so daß Franziskus wirklich ein Abbild des Gekreuzigten wurde. Zu diesen schmerzhaften Zeugnissen seines tiefen Glaubens kam als weitere Prüfung ein Augenleiden, das ihn fast erblinden ließ. Außerdem litt Franziskus an einer schweren Erkrankung des Magens, der Milz und Leber, so daß ihm Leib und Füße anschwollen und er öfters Blut erbrach. Mehr als einmal befürchteten die Brüder seinen Tod, doch Franziskus selbst betrachtete seine Leiden als Auszeichnung. Als es ihm einmal besonders schlecht ging, warf er sich trotz seiner Schmerzen zu Boden und rief: »Ich danke dir, mein Herr und Gott, für all diese Qualen und bitte dich, mir noch hundertmal schlimmere zu schicken, wenn es dir gefällt. Denn das ist mir das liebste, wenn du mich schonungslos heimsuchst. Das Bewußtsein, deinen Willen zu erfüllen, ist mein übergroßer Trost.« Bald darauf teilte ihm ein Arzt mit, daß er nicht mehr lange zu leben hätte. Er antwortete fast heiter: »Sei willkommen, Bruder Tod!« Dann segnete er noch einmal alle seine Brüder und ließ sich aus dem Johannes-Evangelium die Abschiedsworte Jesu vorlesen. Um dem entblößten Gekreuzigten auch im Tod ähnlich zu sein, ließ er sich entkleidet auf den Boden legen und gab am 4. Oktober 1226 seine Seele dem Schöpfer zurück.

Es ist naheliegend, einen Heiligen, der selbst so viele Krankheiten erdulden mußte, bei eben diesen Leiden anzurufen. Darüber hinaus gilt er aber auch als wirkungsvoller Helfer bei Kopfleiden und Kopfschmerzen. In einem alten Volksbuch steht, man müsse sich vor dem Kruzifix hinknien, den Kopf in die Hände legen und beten:

Hilf Gott Vater, hilf Gott Sohn, hilf Gott Heiliger Geist
und hilf, heiliger Franziskus, der Du alles über Schmerzen weißt.
Ich knie hier auf der Erde,
daß mir geholfen werde.

Dann müsse man drei Vaterunser sprechen und zuletzt den Segensspruch wiederholen.

Fridolin von Säckingen

6. März

anzurufen bei Arm- und Beinleiden;
auch bei Wassergefahr

Der aus Irland stammende Fridolin verließ seine grüne Insel in der ersten Hälfte des sechsten Jahrhunderts. Er gelangte an den Hof des Frankenkönigs Chlodwig I. in Poitiers und half dort, die letzten Heiden zu bekehren. Seine besondere Liebe galt dem heiligen Hilarius, dessen Andenken er überall ehrte. Nach einem Aufenthalt beim Bischof von Chur reiste Fridolin missionierend weiter nach Säckingen. Dort zeigte ihm sein verehrter Hilarius im Traum eine Rheininsel und gebot ihm, sich darauf niederzulassen. Doch die in der Nähe wohnenden Bauern, die auf dieser Insel ihr Vieh weiden ließen, verjagten ihn. Erst als der Frankenkönig ihm die Insel geschenkt hatte, konnte Fridolin dort seine Wohnstatt aufschlagen. Beamte des Königs mußten ihn allerdings gegen die anhaltenden Belästigungen der Bauern schützen, und er wurde laufend von Klagen und Prozessen verfolgt. Durch die ständigen Schwierigkeiten und Widerstände der Bauern konnte Fridolin keine wirklich großen und konstruktiven Arbeiten leisten. In seiner Not betete er um Hilfe, und Gott gewährte sie. Die Legende berichtet, daß »er den Lauf des Rhein so änderte, daß er mehr auf die schweizerische Seite abgelenkt wurde und dadurch die Übergriffe der Bauern nicht mehr sinnvoll waren.«

Nachdem nun die materielle Grundlage geschaffen war, errichtete Fridolin nach irischem Vorbild zuerst ein Frauenkloster und dann ein Männerkloster in Säckingen, als dessen Abt er in späteren Jahren starb. Die bald nach seinem Tod erzählten Legenden bezeugen die menschliche und praktische Seite dieses Heiligen. So habe er beispielsweise, wie ein Ulmer Holzschnitt darstellt, einige Knaben, die beim Obstdiebstahl erwischt wurden, gegen die aufgebrachten Bauern in Schutz genommen. Ein anderes Mal sei auf seine Fürsprache hin ein Geizhals, der einen Beitrag zum Kirchenbau verweigert hatte, so lange im Bade festgehalten worden, bis er bezahlt hatte.

Die Tatsache, daß Fridolin den Bauern ihre Weideinsel nahm, hat nicht verhindert, daß er weiterhin, besonders aber in der Schweiz, als Viehpatron verehrt wurde. An seinem Festtag war es üblich, das Jungvieh erstmals ins Joch zu nehmen und durch den Ort zu führen. Im Namen Fridolins wurde das Vieh gegen Räuber, wilde Tiere und andere Gefahren gesegnet. Im Kanton Glarus wurden darüber hinaus Höhenfeuer angezündet, in Luzern begrub man eine Strohpuppe und in manchen Orten, vor allem aber in Säckingen selbst, wurden Prozessionen abgehalten, bei denen man um Fridolins Fürsprache für gutes Wetter und Fruchtbarkeit des Landes betete.

Man wandte sich aber auch dann an den heiligen Fridolin, wenn es darum ging, Arm- oder Beinleiden zu kurieren:

Christus, der Herr, und der heilige Fridel,
sangen miteinander ein Liedel.
Sie wanderten über eine Brück,
da brach dem Fridel sein Bein in Stück.
Mein Bein ist krank, jetzt bin ich lahm!
Nimm Schmier und Salz, Gott erhalt's.
Schmier Dein Gebein,
du sollst geheilet sein.

Gebhard von Konstanz

26. November

anzurufen gegen Halskrankheiten und für eine gute Entbindung

Bildliche Darstellungen zeigen den heiligen Gebhard mit einem Totenkopf, der eine Tiara trägt, oder mit dem Modell einer Kirche. Manchmal ist er mit einem Stab abgebildet – zur Erinnerung daran, daß er damit einen Lahmen heilte und einen Blinden sehend machte.

Gebhard wurde im Jahre 949 auf Burg Pfannenberg geboren. Seine Mutter starb bei seiner Geburt. Sein Vater, Graf Ulrich von Bregenz, ließ den Knaben in der Konstanzer Domschule erziehen, die von Bischof Konrad geleitet wurde. Unter dem Einfluß dieses vorbildlichen Lehrers entschloß sich Gebhard schon früh für den geistlichen Beruf und wurde Priester. Er wurde mit einer Domherrenstelle betraut und nach Konrads Tod unter allgemeiner Zustimmung von Geistlichkeit und Gläubigen zum Bischof von Konstanz geweiht. Da Gebhard mit dem Kaisershaus verwandt war, war er von Kaiser Otto II. für dieses hohe Amt vorgeschlagen worden. Die guten Beziehungen brachten es auch mit sich, daß Gebhard den Sohn des Kaisers, der später als Otto III. regieren sollte, taufen durfte.

Der junge Bischof benützte seine vorteilhaften weltlichen Verbindungen dazu, die Bischofskirche in Konstanz reich auszustatten und die Domschule zu einem beispielhaften Erziehungsinstitut zu machen. Nördlich von Konstanz, jenseits des Rheins, gründete er aus den Mitteln seines ererbten Vermögens das Benediktinerkloster Petershausen, für das er in Rom um Bestätigung ansuchte und sie auch sofort erhielt. Mehr noch: Papst Johannes XV. schenkte ihm eine kostbare Reliquie, das Haupt des heiligen Gregor. Gebhard selbst trug das Kleinod über die Alpen an den Bodensee, wodurch sich seine Darstellung mit dem Totenkopf erklärt.

In einer Zeit politischer und weltanschaulicher Wirren gelang es Gebhard, kirchliche und weltliche Ziele zum Besten der ihm anvertrauten Gläubigen auf einen Nenner zu bringen. Deshalb wurde er tief und aufrichtig betrauert, als er 995 durch einen überraschenden Tod mitten aus seinem tätigen Leben gerissen wurde. Die Mönche von Petershausen setzten ihn in ihrer Klosterkirche bei, und sein Grab war bis zur Auflösung des Klosters ein vielbesuchter Wallfahrtsort. Unter den frommen Wallfahrern waren viele schwangere Frauen, die zu Gebhard um eine gute Entbindung beteten. Zu diesem Patronat hatte ihm der Tod seiner eigenen Mutter im Wochenbett verholfen. So manche werdende Mutter kniete an dem Grab des Heiligen und betete:

Heiliger Gebhard, steh mir bei!
Hilf mir in meiner schweren Stunde
durch Dein frommes Gebet und Deine Fürbitte!
Befreie mich von Tränen und Klagen
und gib mir Deinen Segen und auch meinem Kinde
durch Deine gottgefällige Fürsprache!

Georg

23. April

anzurufen bei Fieber, früher auch gegen Fallsucht und Pest

Der heilige Georg ist einer der volkstümlichsten Nothelfer, der sowohl im christlichen Altertum wie auch im Mittelalter von allen Blutzeugen die am weitesten verbreitete Verehrung und größte Popularität fand. Dazu hatte ihm sicher die märchenhafte Legende

von seinem Kampf mit dem Drachen verholfen, der in der Umgebung von Beirut stattgefunden haben soll. Dort hauste in einem See ein ungeheurer Drache, der manchmal sogar bis an die Stadttore kam, wo er mit seinem stinkenden Atem die Luft verpestete. Die verängstigten Einwohner versuchten, ihn durch zwei Schafe täglich zu befriedigen. Doch bald waren alle Schafe geopfert. Man befragte das Orakel und erfuhr, daß man dem Drachen ein Menschenopfer bringen müsse, das durch das Los zu bestimmen sei. Der Zufall fiel auf die Tochter des Königs, Margarethe. Natürlich weigerte sich der König, seine Tochter zu opfern. Erst als das Volk auf seinen Widerstand mit der Drohung reagierte, das Schloß in Brand zu stecken, resignierte er. Voller Verzweiflung sah er zu, wie man sein Kind an den See führte, wo es weinend auf sein Schicksal wartete.

In diesem Moment kommt glücklicherweise der heilige Georg vorüber, fragt das Mädchen nach dem Grund seines Kummers und bleibt an seiner Seite. Bald schon taucht der Drache aus dem Wasser auf und stößt gräßliche Laute aus. Georg befiehlt sich Gott, stürzt sich auf das Ungeheuer und bringt ihm mit der Lanze eine tiefe Wunde bei. Er zwingt den Drachen zu Füßen Margarethes nieder und legt ihm seinen Gürtel um den Hals, so daß die Königstochter das Untier in die Stadt führen kann, wo großer Jubel ausbricht. Der König will den Retter mit Schätzen überhäufen, doch Georg verteilt alles an die Armen, spendet dem König die Taufe und zieht seiner Wege.

Wenn man die Legende vom historisch Überlieferten trennt, so dürfte Georg um 280 im Gebiet der Donaumündung am Schwarzen Meer geboren worden sein. Schon in jungen Jahren erlernte er das Waffenhandwerk, brachte es bald zum hohen Rang eines Obersten und hatte als Tribun jederzeit Zutritt zum Kaiser. Der Monarch schätzte Georgs Tapferkeit, obwohl es ihm gar nicht gefiel, daß sein bevorzugter Soldat gläubiger Christ war. Als erneut eine Christenverfolgung einsetzte, versuchte Georg, seinem Kaiser Diokletian Vorhaltungen zu machen. Diese Aufmüpfigkeit erboste den Monarchen so sehr, daß er ihn dem Perserkönig Dadianos auslieferte, wo er eingekerkert und gefoltert wurde. Immer neue und schlimmere Todespeinigungen werden angewandt, um eine exemplarische Abschreckung zu statuieren. Die Martern reichen vom Zerfleischen der Gliedmaßen und Brennen mit Fackeln über Vergiften und Rädern, Sieden in heißem Öl oder Blei bis zum Schleifen mit nachfolgender Enthauptung. Doch Georg bleibt seinem Glauben an Christus treu. Im Gegenteil – je mehr man ihn foltert, desto sicherer wird der Held, den Gott jede Nacht aufsucht und stärkt. Als man ihm schließlich den Kopf abschlägt, ist er schon vorher viele Tode gestorben, so daß er mit Recht den Beinamen »Megalomartyr«, Großmärtyrer, erhält.

Darstellungen, die den heiligen Georg zeigen, zollen ihm stets einen deutlichen militärischen Tribut. Hoch zu Roß, mit der Lanze des Drachentöters bewaffnet, und als Bannerträger, nimmt er eine besondere Stellung ein. Als Schirmherr der Ritter und Kreuzfahrer brach seine Verehrung vor allem in England alle Rekorde, wo ihn die Synode von Oxford 1222 zum Nationalheiligen erhob. Aber auch auf dem europäischen Festland wurden ihm eine unüberschaubare Anzahl von Gedenk- und Weihestätten gewidmet, an denen sich vielfältige Wunder zugetragen haben sollen.

St. Georg war jedoch nicht nur der Heilige der mittelalterlichen Ritterschaft und des Adels. Als einer der beliebtesten Nothelfer gehörte er zugleich der ganzen Bevölkerung. Er erhielt eine feste Rolle in den Mysterienspielen, die den legendären Drachenkampf immer wieder vor einem staunenden Publikum inszenierten. Vom Kalender her fiel ihm überdies die Aufgabe zu, die zahlreichen heidnischen Bräuche um den Frühlingsanfang in einen christlichen Zusammenhang zu bringen. An seinem Festtag wurde beispielsweise das Vieh in den Alpenländern auf die Almweiden getrieben. Er öffnete an diesem Tag auch die Erde, so daß nun die im Winter gefangenen Schlangen wieder an die Oberfläche kriechen konnten.

Sowohl diese Funktion wie auch der Drachenkampf brachten es mit sich, daß der heilige Georg als Helfer bei Schlangenbiß angerufen wurde. Gleichzeitig weist ihn sein tausendfaches Martyrium auch als »Sachverständigen« für fast alle anderen Leiden, Schmerzen und Beschwerden aus. Vor allem jedoch ist er für Fieber und fieberhafte Entzündungen zuständig und wurde früher oft bei Fallsucht und gegen die Pest um Fürbitte angefleht. Aus dem 15. Jahrhundert stammt beispielsweise die folgende Beschwörungs- und Gebetsformel:

Der heilige Sankt Georg
ritt durch ein' finstern Tann.

Da sah er vor ihm stahn
77 Fieber und Schmerzen allerhan.
Du heiliger Sankt Georg
in dem finstern Tann:
nimm Deine lange Lanze,
bind Fieber und Schmerzen dran.

Gertrud von Nivelles

17. März

anzurufen bei Gefahren der Reise, sowie gegen Fieber und bei Augenleiden

Der erste fränkische Hausmeier, Pippin der Ältere, war Gertruds Vater. Er und seine Frau Iduberga waren fromme Christen und erzogen auch ihre 626 geborene Tochter in diesem Glauben. Für die junge Gertrud war ein vornehmer Adeliger, ein besonderer Günstling des Königs, als Ehemann vorgesehen. Nach damaliger Sitte war es nicht unüblich, daß dieser um seine Braut warb, als sie erst zehn Jahre alt war. Der Vater war bereit, zuzustimmen. Aber Gertrud weigerte sich mit Entschiedenheit. Sie sei Braut Christi und wolle nur ihm alleine angehören. Obwohl in jener Zeit ein Vater bedingungslos über seine Tochter verfügen konnte, akzeptierte Pippin den Wunsch seiner Tochter.

Vier Jahre später starb Pippin. Gertruds Mutter Iduberga zog sich daraufhin mit ihrer Tochter in das von ihr gegründete Kloster von Nivelles zurück. Es kann auch sein, daß dieser Rückzug eher eine Flucht war, um das Kind vor einer unerwünschten Ehe zu bewahren. Bald wurde Gertrud Äbtissin von Nivelles und sorgte eifrig für das geistliche Wohl der ihr anbefohlenen Töchter, die sie zu besonders schönen Web- und Stickarbeiten anhielt, die weithin berühmt waren. In der ganzen Umgebung war Gertrud beliebt als Mutter der Armen und Kranken. Kostbar war auch der Reliquienschatz, den man im Kloster sammelte. Um die Dinge der Welt kümmerte sie sich jedoch immer weniger, und es ist nicht überliefert, wie sie auf das Schicksal ihres Bruders Grimoald reagierte, der seinen Sohn durch Aufstand und Mord zum Frankenkönig hatte machen wollen und als Verräter hingerichtet wurde.

Vielleicht wurde sie durch diese Tragödie aber doch tiefer berührt, als es den Anschein hatte. Denn als im selben Jahr 656 auch ihre Mutter starb, trat sie als Äbtissin zurück und widmete sich nurmehr dem Studium der Heiligen Schrift, der Buße und der Askese. Drei Jahre lang führte sie dieses Leben strengster Unterdrückung aller körperlichen Bedürfnisse, dann brach ihre Gesund-

heit zusammen. Als sie den Tod nahen fühlte, ordnete sie an, daß sie ein ganz einfaches Begräbnis zu bekommen hätte. Dann sandte sie eine Botschaft an ihren geistlichen Berater, einen irischen Mönch, und fragte ihn nach dem Zeitpunkt des Todes. Er antwortete, daß sie am nächsten Tage, dem Festtag des heiligen Patrick, während der Messe sterben werde und daß dieser Heilige mit allen Engeln schon zu ihrem Empfang bereitstehe. Gertrud starb wie vorausgesagt, und fast unmittelbar nach ihrem Tod setzte bereits ihre Verehrung ein. Ein schöner gotischer Schrein, in dem ihre Reliquien aufbewahrt wurden, wurde 1940, im Zweiten Weltkrieg, zerstört.

An Gertrud wandte man sich in vielen Angelegenheiten. Ihre Lebensbeschreibung berichtet, daß ihr der Teufel einmal in Gestalt einer Maus erschienen sei, um sie in ihrer Andacht zu stören. Aber Gertruds Gebet vertrieb ihn. So wurde sie zur Patronin gegen die Mäuseplage, und die meisten Maler und Bildhauer stellten sie fortan mit einer Maus dar, die am Äbtissinnenstab hinaufläuft. Eine andere Legende berichtet, daß sie einmal Untergebene in ein fernes Land entsandte und ihnen versprochen habe, es würde ihnen keinerlei Unheil zustoßen. Als sich die Reisenden jedoch mitten auf dem Meer befanden, tauchte ein Seeungeheuer auf und drohte sie zu verschlingen oder zu versenken. Eilig baten die Gläubigen um die Fürbitte Gertruds, und das Ungeheuer verschwand. Durch dieses Ereignis wurde die Heilige auch zur Patronin der Reisenden und schließlich zur Schutzherrin all jener Menschen, die in einem fremden Land leben müssen.

Mit diesen christlichen Elementen verwoben sich andere, uralte, heidnische Bräuche. Da der Gertrudentag am Frühlingsanfang steht, wurde auch vieles auf sie übertragen, was bisher der germanischen Frühlingsgöttin zugeordnet war. So heißt es in einem Tiroler Bauernkalender noch heute:

Gertraud
führt die Kuh zum Kraut,
die Roß zum Zug,
die Bienen zum Flug.

Weil sich das Wasser aus einem Brunnen am Grabe der Heiligen als heilkräftig erwies, wurde sie immer häufiger auch als Patronin der Fieberkranken und Augenleidenden angerufen.

Hitze und Fieber quälet mich –
heilige Gertrud, bitt für mich.
Buße und Reue gelobe ich –
heilige Gertrud, bitt für mich.
Arm, weh und krank bin ich –
heilige Gertrud, bitt für mich.

Godehard von Hildesheim

5. Mai

anzurufen bei Kinderkrankheiten, aber auch gegen Gicht, Rheuma und Nierenleiden, sowie bei einer schweren Geburt

Im Gegensatz zu vielen anderen Heiligen des Mittelalters stammte Godehard aus dem Volk. Er wurde um 960 in Niederbayern geboren. Sein Vater war Dienstmann im Kloster Niederaltaich, und daher durfte der Knabe die Klosterschule besuchen. Es zeigte sich schon früh, daß Godehard geringe Begabung für die Tätigkeit des Bauern entwickelte, sich aber dafür um so gelehriger in den Wissenschaften zeigte. Durch seinen glühenden Lerneifer und seine guten Charaktereigenschaften fiel er dem Erzbischof von Salzburg auf, der ihn in seine Residenz holte und ihm alle Möglichkeiten zum weiteren Studium bot. Als Mönch kehrte Godehard drei Jahre später nach Niederaltaich zurück, das inzwischen aus einem Chorherrenstift in ein Benediktinerkloster umgewandelt worden war. Er wurde zum Priester geweiht und erhielt 996 die Abtwürde des Klosters übertragen. In kurzer Zeit erreichte er, daß das verarmte Niederaltaich wieder zu einem der bedeutendsten Klöster der Erzdiözese Salzburg wurde. Denn bei Godehard verband sich die Fähigkeit zu kluger und einfühlsamer Menschenführung mit großer Umsicht in wirtschaftlichen Fragen. Wegen seiner tiefen Gelehrsamkeit und Bildung, die sich nicht auf rein theologische Gebiete beschränkte, wurden Godehard im Laufe der Zeit auch noch andere einflußreiche und wichtige Ämter übertragen.

Das Streben nach hohen geistlichen Würden lag Godehard fern. Er hatte die mönchisch-asketische Lebensweise aus eigenem Antrieb und innerer Neigung gewählt. Als ihn aber der Kaiser 1022 zum Bischof von Hildesheim machen wollte, sah er trotz seiner Liebe zur Einsamkeit in dieser Wahl eine Berufung, der er sich nicht zu entziehen vermochte. An seiner Lebensweise änderte Godehard wenig, obwohl er nun als Bischof von Hildesheim gleichzeitig Reichsfürst war und mehr als bisher weltlichen Pflichten nachkommen mußte. Anders als sein adeliger Vorgänger war Godehard – bei aller Bildung – ein Mann aus dem Volk und verfügte über die Gabe, ganz unmittelbar zu diesem zu sprechen. Der Bischof predigte daher regelmäßig und voller Herzenswärme in der Öffentlichkeit. Er ging auch selbst in die Häuser der Armen und Kranken, um ihnen Unterstützung und Hilfe zu verschaffen. In seiner Residenz empfing er jeden Bittsteller persönlich und nahm reuigen Sündern selbst die Beichte ab. Dennoch vergaß er mit seinem ausgeprägten Sinn fürs Praktische niemals, sich auch um die irdischen Belange der Sünder zu kümmern, damit sie vor Rückfällen bewahrt blieben. Vor den Mauern der Stadt ließ er ein Spital und ein Pilgerhaus errichten, damit sowohl die Kranken versorgt waren, wie auch Durchreisende Essen und Unterkunft erhalten konnten.

Als er seine Kräfte schwinden fühlte, ließ sich Godehard in das Hildesheimer Moritzstift bringen, das er – wie viele andere Kirchen und Klöster – hatte erbauen lassen. Dort starb er am 5. Mai 1038 und wurde in der Bischofsgruft des Domes beigesetzt. Schon zu seinen Lebzeiten hatte er, so heißt es, mehrere Wunder gewirkt. Während der Synode in Mainz etwa, hatte er ein besessenes Kind geheilt, was ihn in späteren Jahren nicht nur zum Patron der kranken Kinder stempelte, sondern ihm auch eine Aufgabe bei seelischen und geistigen Krankheiten einräumte. Sogar Tote habe er erweckt, wenn diese ohne Beichte gestorben seien, damit sie noch im irdischen Leben Buße tun konnten und nicht der ewigen

Verdammnis anheimfielen. In der Schweiz wurde Godehard besonders verehrt. Der St.-Gotthard-Paß geht auf seinen Namen zurück.

Die Legende schreibt schon dem Kind Godehard weitere Wunder zu. So habe er einmal, als die Donau besonders viel Wasser führte, den Strom trockenen Fußes überquert, um sein Amt als Meßdiener nicht zu versäumen. Ein anderes Mal mußte er für dieses Amt glühende Kohlen herbeitragen. Weil es regnete, barg er das Kohlenfaß unter dem Chorhemd, ohne daß er sich oder das Hemd verbrannte.

Fleht man für ein krankes Kind um die Hilfe der Heiligen und Fürsprecher, dann ist es sicher angebracht, sich an den heiligen Godehard zu wenden:

Dies Lob sei Dir gesungen, Du heiliger Godehard,
erbarm Dich meines Kindes, es ist ja noch so zart.
Empfiehl es unserm Schöpfer, daß es gesunden mag.
Ich will Dich immer ehren, wie heut so jeden Tag.

Gregor der Große

3. September

anzurufen gegen die Gicht;
früher auch gegen die Pest

Im letzten Jahrzehnt des von Seuchen, Kriegen und Hungersnöten heimgesuchten sechsten Jahrhunderts bestieg ein Mann den Stuhl des Heiligen Vaters in Rom, dem die Nachwelt mit Recht den Beinamen »der Große« verlieh. In der Gestalt dieses Gregors erglänzt zum letzten Mal das versinkende Römertum in seiner edelsten Ausprägung. Gleichzeitig aber verkörpert er das aufsteigende Mittelalter, das nun anbricht. Gregors Geschlecht weist die lange Ahnentafel des römischen Hochadels auf. Er selbst wurde 540 im elterlichen Palast geboren und für das öffentliche Leben erzogen. Der junge Patrizier erklomm rasch die Leiter der staatlichen Ämter, so daß er schon mit etwa dreißig Jahren Roms höchster Zivilbeamter war.

Doch trotz äußerer Erfolge wollte sich die innere Befriedigung bei dem jungen Stadtpräfekten nicht einstellen. Im Gegenteil, Gregor wurde von der Sehnsucht nach einem Leben in der Stille und in der Einsamkeit erfaßt. Aus diesem Grund legte er ohne erkennbaren Anlaß das Amt des Stadtpräfekten nieder und zog sich in den elterlichen Palast zurück, in dem schon drei Schwestern seines Vaters, fern aller gesellschaftlichen Ereignisse, ein gottgefälliges Dasein führten. Nach dem Tod seines Vaters wandelte er den Palast in ein Andreaskloster um. Auf seinem ererbten Familienbesitz in Sizilien stiftete er sechs weitere Klöster.

Gregors beschauliche Ruhe war nicht von Dauer. Der Papst weihte ihn zum Diakon der römischen Kirche, so daß er nun einen der sieben Kirchenbezirke Roms verwaltungstechnisch und seelsorgerisch zu betreuen hatte. Sein Geschick im Vollzug der neuen Aufgabe qualifizierte ihn wiederum für einen Aufstieg im Rahmen seiner kirchlichen Aktivitäten: Der Papst übertrug ihm das heikle Amt eines Nuntius am Hof des oströmischen Kaisers Tiberius II. in Konstantinopel. Doch trotz seiner großen Verhandlungserfolge konnte sich Gregor auch über diese Aufgaben nicht freuen. Er nahm seinen Abschied und kehrte heim in die Stille des Andreasklosters, die er jahrelang hatte vermissen müssen. Da der Papst auf seine klugen Ratschläge nicht verzichten wollte, suchte er ihn immer wieder zu beratenden Gesprächen auf.

Im Herbst des Jahres 589 erlebte Rom eine Überschwemmungskatastrophe durch den Tiber. Gleichzeitig brach die Pest aus. Auch der Papst erlag jener Epidemie. Sein Nachfolger war für die Geistlichkeit ebenso offensichtlich wie für das Volk: Gregor. Seine erste Tat als neugewählter Papst war ein Bittgang, in dem er Gott um Abwendung der Pest anflehte, die wie eine Geißel über der Stadt lag. Betend und singend zog die Prozession mit dem neuen Papst an der Spitze auf St. Peter zu, als über dem Grabmal Kaiser Hadrians der Erzengel Michael herniederschwebte. Mit einer erbarmenden Geste steckte er sein blutiges Schwert in die Scheide – und die Pest erlosch.

Der heilige Blasius heilt ein Kind,
das an einer Fischgräte zu ersticken droht.
Mauerkirche St. Blasius in Kaufbeuren

Taufe Christi durch Johannes den Täufer.
Deckenbild von Chr. Winck, 1774. Schloßkirche St. Anna
in Kempfenhausen am Starnberger See

Nun galt Gregors oberste Sorge dem weiteren Überleben der Bevölkerung von Rom und Italien, da die wirtschaftlich schwachen Bürger durch schwere Hungersnot und die häufigen Raubzüge der Langobarden bedrängt wurden. Seine Wirtschaftspolitik auf längere Sicht hatte Erfolg, doch die Übergriffe der räuberischen Langobarden verlangten die weitere Mitarbeit an weltlichen Belangen. Sein Verhalten gegenüber den Feinden Roms war von seinem scharfen Blick für das Erreichbare bestimmt. So scheute er sich nicht, durch hohe Tribute und Lösegelder das Schicksal der Bedrückten und Gefangenen zu erleichtern. Seine verständnisvolle Haltung und ein ausgedehnter Briefwechsel mit Machthabern der Franken und Westgoten leiteten die Christianisierung dieser Völker ein und stellten schließlich auch den Frieden im eigenen Land wieder her.

Gregors seelsorgerische Tätigkeit läßt sich in ihren Grundzügen in den 854 Briefen nachlesen, die der Nachwelt erhalten sind. Sie sind beredtes Zeugnis für die unermüdliche Tätigkeit zum Wohle der ihm anvertrauten Menschen, aber auch für seine tiefe Menschenkenntnis und abgeklärte Lebensweisheit. Diesen Geist spiegelt auch seine Bemühung, dem kirchlichen Gesang eine liturgische Form zu geben. Bis in unserer Zeit ist jedem Musikkundigen der »Gregorianische Choral« ein festumrissener Begriff.

In seinen letzten Lebensjahren war Gregor von Gicht geplagt und litt unter ständigen Schmerzen. Er ertrug seine Leiden ohne ein Wort der Klage, bis er im Jahr 604 starb. So liegt es klar auf der Hand, warum er als Helfer gegen dieses weitverbreitete Übel angerufen werden kann:

Gott hat jetzt sein Erbarmen
an Gregori vollbracht.
Hat ihn zu sich gerufen aus Schmerzes schwarzer Nacht.
Auch wir sind hier in Schmerzen in diesem Erdental,
ich bitt Dich von Herzen; nimm von mir diese Qual.

Hemma von Gurk

27. Juni

anzurufen für eine glückliche Entbindung und bei Augenleiden

Das älteste erhaltene Dokument über die heilige Hemma ist die Inschrift auf ihrem Grab in Gurk. Da heißt es: »O glückliche Hemma, Kleinod aller Tugenden, Gründerin von Gurk, die Du all deine Reichtümer Christus geweiht hast, hier ruhst Du im ewigen Frieden.« Geboren wurde Hemma im Jahr 980. Sie entstammte einer begüterten Kärntner Familie, die sogar mit Kaiser Heinrich II. verwandt war. Das heranwachsende Mädchen lebte vorübergehend am Kaiserhof und lernte dort auch ihren späteren Ehemann, den Grafen Wilhelm von der Sann, kennen.

Nach der Eheschließung lebte das junge Paar auf den Besitzungen im Gurktal und führte ein frommes, aber in keiner Weise außergewöhnliches Leben. Zwei Söhne wurden geboren, und Hemmas Glück schien vollkommen. Die Idylle hielt nicht an. Hemma von Gurks Söhne starben unverheiratet – ein Umstand, der damals als regelrechtes Unglück galt. Außerdem aber waren sie noch sehr jung, als sie sterben mußten, und einer von beiden wurde sogar ermordet. Das Unglück riß nicht ab. Als 1036 der Kaiser die Hilfe Wilhelms gegen einen Aufrührer erbat, kostete den Grafen seine treue Pflichterfüllung das Leben: Er fiel im ritterlichen Zweikampf. Von Hemmas Reaktion auf diese Schicksalsschläge heißt es in ihrer Lebensbeschreibung: »Da sie nun keine Erben mehr hatte, wandte sie sich gänzlich Christus zu und machte ihn zum Erben ihres Besitzes...« Sie verließ ihr Schloß, übte sich in Demut und begann mit der Errichtung jenes Benediktinerinnenklosters in Gurk, das später siebzig Chorfrauen und zwanzig Priester beherbergen sollte. Diese Stiftung stattete Hemma so überreich aus, daß sie als Grundlage des Regionalbistums Gurk dienen konnte. Daher gilt Hemma auch als dessen Gründerin. Auch andere Klöster der Gegend wurden beschenkt.

Hemma übersiedelte selbst in das Gurker Kloster, legte aber kein Gelübde ab, um durch die Ordensregel nicht am selbständigen Verteilen von Almosen an die Armen behindert zu werden und weiterhin an die Krankenbetten der Pflegebedürftigen gehen zu können. Als sie 1045 starb, wurde sie im Ordensgewand beigesetzt. Die Verehrung der frommen Gräfin setzte bald nach ihrem Tod ein und wurde durch so manche Wunderheilung an ihrem Grab lebendig erhalten. Die tatsächliche Heiligsprechung erfolgte allerdings erst in unserem Jahrhundert – 1938.

Da die Heilige zu ihren Lebzeiten die Freuden und Leiden der Mutterschaft selbst ausgekostet und später so manches Mal Geburtshilfe geleistet hatte, wurde und wird sie vorzugsweise von werdenden Müttern angerufen, die um eine glückliche Entbindung und ein problemloses Wochenbett zu ihr beten:

Heilige Hemma –
In der Mutterschaft hast Du Freude und Leid erfahren
und bist stets fromm geblieben und gottergeben.
Verhilf mir zur Freude der Mutterschaft,
und nimm meine Schmerzen als Opfer an.
Durch Deine Fürbitte erlöse meinen Leib
und schließlich meine Seele.

Hieronymus

30. September

anzurufen bei Augenleiden und drohender Erblindung

Die wohlhabenden Eltern des Hieronymus ließen ihren 347 geborenen Sohn nicht taufen, obwohl sie selbst Christen waren. Vielleicht hatten sie ihm die Wahl seiner Religion selbst überlassen wollen. Nach einer überaus stürmischen und leichtfertigen Jugend, die ihn nicht selten an den Rand der Ausschweifung und des Lasters geführt hatte, fällte er eine Entscheidung, die viele seiner Freunde überraschte: Während er zu Studienzwecken in der Hauptstadt Rom weilte, empfing er in der Osternacht des Jahres 366 die Taufe aus den Händen des Papstes.

Die Studien, die Hieronymus nun in Angriff nahm, befaßten

sich mit alten Schriften, mit Rhetorik, Geschichte und vor allem mit Sprachen. Zu diesem Zweck machte er ausgedehnte Reisen. Auf einer dieser Fahrten traf Hieronymus eine Kolonie von Mönchen, die ihn sehr beeindruckten. Als er sich von ihnen verabschiedete, machte er seinen Begleitern gegenüber den zweideutigen Ausspruch: »Es wird Zeit, sich mit den Dingen Gottes zu befassen.« Tatsächlich beschloß er in diesem Augenblick, sich in Zukunft der Betrachtung und Askese zu weihen. Trotz des Widerspruchs seiner Familie reiste Hieronymus ostwärts. In der von

Antiochia aus erreichbaren Wüste von Chalkis ließ er sich nieder. Hier führten viele Mönche ein Einsiedlerdasein, hier suchte auch er Einsamkeit, Nachtwachen, Buße und Arbeit. Bücher zum Studium des Hebräischen hatte er in Hülle und Fülle mit. Doch die Abgeschiedenheit von allen weltlichen Belangen fiel Hieronymus schwer. In seiner Chronik schrieb er über diese Zeit: »Ach, wie oft versetzte ich mich in Gedanken nach Rom und zu den Herrlichkeiten, die ich dort genossen hatte; in dieser öden, einsamen Wüste, die, ausgebrannt von der Glut der Sonne, den Mönchen eine gar fürchterliche Heimstatt bot... Meine Glieder staken in häßlichem Sacktuch, meine Haut war dunkel von Schmutz wie die eines Negers. Tagtäglich mußte ich weinen und seufzen, und wenn ich gegen meinen Willen einmal in Schlaf gesunken war, drückte das dürre Erdreich gegen meine abgemagerten Knochen. Von Essen und Trinken gar nicht erst zu reden, da ja auch die kranken Einsiedler nur kaltes Wasser genießen und ein gekochtes Gericht schon als Ausschweifung galt... Obgleich Geselle der wilden Tiere, war ich doch im Geiste oftmals umgeben von einem Reigen schöner Jungfrauen, und in dem kalten Leib tobte noch das Feuer sündhafter Begier... Voll Zorn und Grausamkeit gegen mich selbst ging ich allein immer tiefer in die Wüste.«

Als schließlich unter den verschiedenen Mönchen auch noch ein Glaubensstreit ausbrach, kehrte Hieronymus aus der Wüste zurück nach Antiochia, wo er zum Priester geweiht wurde. Er hatte dieser Weihe allerdings nur unter der Bedingung zugestimmt, weiterhin sein ungebundenes und asketisches Mönchsleben führen zu dürfen, das durch die Studien der heiligen Schrift und Übersetzungen ausgefüllt war. Mit fünfunddreißig Jahren erreichte ihn dann ein Ruf des Papstes: Als Sekretär und Berater des Papstes Damasus kehrte er nach Rom zurück. Sein ungeduldiges, aufbrausendes Wesen und sein sarkastischer Spott trugen ihm dort so manche Feindschaft ein. Da ihn aber weltliche Güter und Ämter nicht interessierten, gelang es niemandem, ihm ernsthaft zu schaden. Hieronymus kehrte nach Kleinasien zurück und lebte bis zu seinem Tode in Bethlehem.

Als die Sarazenen die von ihm über alles geliebte Stadt Rom belagerten und einnahmen, war er verzweifelt. Jene Zeit – es war um 410 – war bereits von Schmerzen und von der Angst um sein Augenlicht überschattet. Eine persönliche Notiz lautet: »Zu den Sorgen um Rom, die mich von außen bedrängen, kommen jene anderen um meine vom Alter geschwächten und vom Erblinden bedrohten Augen, die Schwierigkeit, beim schwachen Licht meiner Lampe die hebräischen Texte zu lesen...« Obwohl er sich schließlich alle Texte vorlesen lassen und seine Niederschriften diktieren mußte, blieb er zuversichtlich und führte seine Arbeit fort. Zu seinen bedeutendsten Werken gehört die große Bibelübersetzung der Vulgata. »Wer immer an das Sterben denkt«, schrieb er, »mißachtet häufig wichtige Dinge.« Am 30. September 420 starb der Heilige in seinem Kloster in Bethlehem. Seine Gebeine ruhen in der römischen Kirche S. Maria Maggiore.

Die Tatsache, daß der heilige Hieronymus meist mit einem Löwen dargestellt wird, hat ihren Ursprung in einer Legende: Als der Heilige einmal in einem Kloster am Rand der Wüste lebte, sahen die Mönche einen Löwen herankommen. Alle ergriffen die Flucht, nur Hieronymus bemerkte das Hinken des Tieres, untersuchte seine Pfote und entfernte einen Dorn daraus. Darauf blieb der Löwe im Kloster und führte dort das Leben eines zahmen Haustieres. Seine Aufgabe war es, täglich einen Esel auf die Weide zu geleiten. Eines Tages, als er im Schatten eines Strauches eingeschlafen war, stahlen Karawanenführer den Esel. Als der Löwe erwachte, konnte er das ihm anvertraute Tier nicht mehr finden. Schuldbewußt trottete er zurück ins Kloster, wo man natürlich annahm, er hätte den Esel gefressen. Zur Buße wurde dem Löwen auferlegt, nun die Arbeit des Esels zu verrichten, Lasten zu tragen und im Joch zu gehen. Es verging geraume Zeit, und er hoffte schon nicht mehr auf eine Verbesserung seines Schicksals, da zogen Kaufleute mit Kamelen und Eseln am Kloster vorbei. Der Löwe erkannte seinen alten Gefährten sofort wieder. Er bedrohte die Diebe so lange, bis sie das gestohlene Tier nicht nur zurückgaben, sondern dem Kloster auch noch ein beachtliches Sühnegeschenk darbrachten.

Hildegard von Bingen

17. September

anzurufen bei allen Leiden und Krankheiten

Es war ein stürmisches und von Kriegen heimgesuchtes Zeitalter, in das die kleine Hildegard 1098 hineingeboren wurde. Ihre Eltern, die zu den vornehmsten Adeligen des Rheingaues zählten, sahen schon früh voraus, daß das kränkliche, schwache Kind in der Geborgenheit eines Klosters am ehesten ein erfülltes Leben finden würde. Was sie aber nicht vorhersehen konnten, war die Tatsache, daß aus der schwächlichen Hildegard eine der bedeutendsten Frauen des Mittelalters werden sollte: Eine Frau, die nicht nur an Charakterstärke und menschlichen Tugenden überlegen war, sondern die auch in den Wissenschaften, allen voran in der Medizin, brillierte. Auch ihre künstlerische Begabung war gewaltig. Hildegard schätzte die Musik, ja sie komponierte sogar. Ihr Singspiel vom »Reigen der Tugenden« führten die Nonnen selbst auf: zur Erbauung der Mitschwestern und als besondere Ehrung für hochgestellte Gäste.

Trotz ihrer vielen Krankheiten, die sie manchmal fast bewegungsunfähig machten, übernahm Hildegard 1136 die Leitung des Klosters am Disibodenberg. Ihre körperliche Hinfälligkeit kontrastierte mit ihrer bemerkenswerten Willenskraft, mit der sie ihre eigenen Unzulänglichkeiten ebenso besiegte wie den Widerstand, der ihr von außen wuchs. Es dauerte nicht lange und sie leitete den Bau des Rupertsberger Klosters in die Wege, in dem sie später ihr segensreiches Wirken entfaltete. Ihr Briefwechsel mit vielen Mächtigen Europas ist ebenso umfangreich wie erstaunlich. Hildegard scheute sich nicht, auch höchsten Würdenträgern in aller Deutlichkeit die Leviten zu lesen, wenn deren Handlungsweise nicht ihre Billigung fand. Ein Mainzer Domherr etwa bittet sie förmlich um ihre Kritik. Er schreibt: »Ich beschwöre Dich, würdige Dich, mir in einem versiegelten Brief alles kundzutun, was Dir an mir mißfällt, und wie ich mich mit der Hilfe unseres Herrn und Gottes von mir losreißen kann.« In ihrer Antwort warnt Hildegard ihn vor seinem Wankelmut, tröstete ihn aber dann mit tiefem, menschlichem Verständnis für die Schwächen anderer Menschen: »... aber falle nicht in den Abgrund des Trübsinns, sondern bete jetzt und vertraue, daß Gott Dich nicht verläßt, und bald wird Dir zu Deiner Befreiung die Morgenröte aufgehen.«

Die fromme Äbtissin ließ sich von ihren Gefährtinnen, aber auch von der Stimme Gottes in ihrem Inneren, mehrmals dazu drängen, auf mühselige Missionsfahrten durch die deutschen Lande zu ziehen, bis hinein nach Lothringen und ins Ruhrgebiet. Sie brachte Trost und machte Mut, sie weckte die Gewissen und predigte Buße. Die Männer und Frauen aus dem Volk hatten bedingungsloses, gläubiges Vertrauen zu Hildegard. Der Rupertsberg wurde eine wahre Zufluchtsstätte für alle Geplagten und Beladenen. Viele Kranke schleppten sich mit letzter Kraft den Berg hinauf, wußten sie doch, daß sie im Kloster nicht nur einen sorgsam betreuten Würzgarten und eine Apotheke voll heilender Mittel vorfanden, sondern auch die sanften, geschickten Hände einer mütterlichen Frau, die die Möglichkeiten der ärztlichen Kunst lange und schmerzhaft am eigenen Leib studiert hatte.

Da Hildegard das Datum ihres Todes in einer Traumvision erfahren hatte, ging sie mit allen Sakramenten versehen und innerlich vorbereitet am 17. September 1179 ein in die himmlische Herrlichkeit. Die Legende berichtet von einem Zeichen, das Gott bei ihrem Tod setzte, um die Größe seiner Prophetin zu bezeugen: »Am nächtlichen Himmel erglühte ein wunderbares Licht. Zwei Bogen von verschiedenfarbigem Glanz, breit und prächtig wie Mondregenbogen, wuchsen aus den vier Himmelsrichtungen empor und schnitten sich hoch im Zenit über dem Sterbezimmer der entseelten Meisterin. In der Kreuzung erglänzte ein weißes Licht, so groß wie die Mondscheibe, und verband beide Bogen. In der weißen Scheibe zeigte sich ein rotschimmerndes Kreuz, das größer und größer wurde und zu unermeßlicher Ausdehnung anwuchs. Ringsum tauchten kleinere Kreise auf. Sie schillerten in bunten Farben, und jeder trug ein kleines Kreuz.«

Hubert von Lüttich

3. November

anzurufen bei Hunde- und Schlangenbiß, sowie bei Tollwut; außerdem bei Geisteskrankheiten und krankhafter Wasserangst

Der Herzogssohn Hubert wurde 655 in Franken geboren. Er hatte nicht nur ein vornehmes Elternhaus, sondern auch einflußreiche Verwandte. Seine Jugend verbrachte er am Hofe Theiderichs III. von Burgund und widmete sich den »Eitelkeiten der Welt«, wie man die Freuden nannte, die das pralle Leben einem jungen Mann

zu bieten hatte. Dabei zog er sich den Haß des dortigen Gutsverwalters, des sogenannten »Hausmeiers« zu. Da dessen Feindschaft meist tödlich war, floh der junge Adelige nach Metz, wurde am Hofe Pippins Oberhofmeister und heiratete schließlich Floribana, die schöne Tochter des Grafen von Löwen. Das Glück der beiden war jedoch nur von kurzer Dauer. Floribana starb nach der Geburt des Sohnes Floribert, und Hubert fiel in eine tiefe Depression.

Im Jahr 695 starb auch Huberts Vater. Unter dem Einfluß von Bischof Lambert, den der Graf mittlerweile kennen und schätzen gelernt hatte, verzichtete er nun auf alle seine Ämter und Würden und überließ sein ganzes Erbe, zugleich mit der Sorge für seinen Sohn, seinem Bruder. Er selbst zog sich als Büßer in den unwegsamen Ardenner Wald zurück und lebte dort der Meditation und dem Studium heiliger Schriften. Nach sieben Jahren eines frommen Einsiedlerdaseins weihte ihn Lambert zum Priester.

Wie es dazu kam, daß Hubert seinem Vorbild auf dem Bischofsstuhl von Maastricht nachfolgte, berichtet die Legende: Auf einer Wallfahrt nach Rom besuchte Hubert den Papst. Da Lambert vor kurzem gestorben war, legte der Papst seinem Besucher nahe, dessen Amt zu übernehmen. Hubert weigerte sich, diese Würde anzunehmen. Doch da erschien ein Engel am Himmel, der ihm die bischöfliche Stola umlegte. Hubert erkannte den Willen Gottes und fügte sich.

Da er nun Bischof war, verlegte er seinen Sitz nach Lüttich und erbaute dort eine Kathedrale über den Reliquien seines Vorgängers Lambert. Er sorgte mit großem Eifer für das seelische, aber auch das leibliche Wohl seiner Gläubigen. Die endgültige Ausrottung des Heidentums, das sich in den Wäldern der Ardennen noch immer hielt, lag ihm besonders am Herzen. Er ließ zahlreiche Kirchen erbauen und machte viele Missionsreisen in dieses Gebiet, so daß er den Beinamen »Apostel der Ardennen« erhielt.

Als Hubert 727 starb, wurde er sofort als Heiliger verehrt. Es dauerte nicht lange, bis er in den Mittelpunkt einer Legende gerückt wurde, die ihn zum Patron der Jäger stempelte: Als Hubert einmal nach der Sitte damaliger Adeliger der Jagd nachging, spürte er einen kapitalen Hirsch auf. Das Tier blieb ruhig stehen und sah ihn an. Er wollte schon den Pfeil von der Sehne schnellen lassen, da leuchtete zwischen den Geweihstangen des Hirsches ein Kreuz auf. Betroffen sank Hubert in die Knie und vernahm eine Stimme, die ihn mahnte, über den irdischen Dingen der Welt das ewige Leben nicht zu vergessen.

Eine andere Erklärung für das Jagdpatronat könnte auch die Tatsache sein, daß mit Huberts Bischofsstola Menschen geheilt wurden, die von der Tollwut befallen waren. Diese Patienten waren in der überwiegenden Mehrzahl Jäger, da die Krankheit bei den Wildtieren der Ardennen sehr verbreitet war. Ihnen wurde ein Kreuz auf die Stirn gebrannt und dann ein Faden aus der wundertätigen Stola in die Wunde gedrückt. Dazu wurde von den Mönchen in lateinischer Sprache laut gebetet, während sich der Kranke in Gedanken dem heiligen Hubert anheimstellte.

Ob diese Methode gegen eine tatsächlich schon ausgebrochene Tollwut jemals geholfen hat, wird von der Legende allerdings verschwiegen.

Ignatius von Antiochia

17. Oktober

anzurufen bei Halsweh und Hautausschlägen

Als Blutzeuge des ersten Jahrhunderts wird der um das Jahr 50 geborene Ignatius den Apostolischen Vätern zugerechnet. Er stammte aus Smyrna und gehörte vermutlich dem Sklavenstand an. Seine niedrige Geburt war jedoch kein Hinderungsgrund für eine profunde, theologische Bildung und seinen späteren Aufstieg zum Bischofsstuhl von Antiochia, den er als dritter nach dem heiligen Petrus und dessen Nachfolger Euordios bestieg.

Ignatius hatte kein leichtes Amt gewählt. Denn neben verschiedenen Strömungen des frühen Christentums existierte noch eine Reihe anderer, dem Heidentum nahestehender Religionen, die miteinander in ständiger Fehde lagen. Überdies waren die ersten Christenverfolgungen noch nicht vergessen, als schon eine neue

Welle der Nachstellung ausbrach. Kaiser Trajan hatte zwar seinen Statthaltern mitteilen lassen, man solle nicht eigens nach den Christen fahnden. Wenn sie aber angezeigt würden, dann müsse man sie mit allen Mitteln zum Abschwören bewegen. Nach dieser Richtschnur ging man vermutlich auch vor, als Ignatius um 115 verhaftet und zur Verantwortung gezogen wurde. Der Statthalter wurde mit dem weisen Ignatius nicht fertig. Man fesselte also den betagten Mann und brachte ihn unter strenger Bewachung mit dem Schiff nach Rom, wo das gegen ihn ergangene Todesurteil in Form einer Tierhatz im Amphitheater vollstreckt werden sollte. Die ohnedies beschwerliche Reise wurde durch einen Umweg über eine Reihe kleinasiatischer Küstenstädte noch verschärft. Die Christen jener Ansiedlungen allerdings erhielten dadurch Gelegenheit, den gefangenen Jünger Christi zu begrüßen und ihre Verehrung zu zeigen. Ignatius schrieb auf der langen Fahrt viele Briefe, von denen sieben erhalten sind und lebhaftes Zeugnis für seine Klugheit, Menschlichkeit und tiefe christliche Überzeugung ablegen. Auch an die Gemeinde von Rom sandte er von Smyrna aus einen Brief, aus dem wir ersehen können, wie schlecht der alte Mann von seinen Bewachern behandelt wurde: »Von Syrien bis Rom bestehe ich einen Tierkampf zu Wasser und zu Lande. Ich bin gefesselt an zehn Leoparden, das heißt an eine Abteilung Soldaten. Diese werden auf empfangene Wohltaten hin sogar noch schlimmer. Unter ihren Mißhandlungen werde ich bestens geschult...« Immer wieder versichert er aber auch, daß er sein Leben freudig hingibt, um Gott nahe zu sein.

Nach seiner Ankunft in Rom dauert es nicht lange, bis er ins Colosseum überführt wurde, wo man »Gladiatoren« für eines der staatlich organisierten, öffentlichen Spiele brauchte. Unter den Augen der Menge wurde Ignatius von wilden Tieren zerrissen. Christen brachten die Gebeine des Märtyrers nach Antiochia, von wo sie später allerdings wieder nach Rom zurückgeführt und in der Kirche San Clemente beigesetzt wurden.

Als ob dieses im Dienste Christi und seiner Kirche gelebte und geopferte Leben noch nicht bemerkenswert genug sei, wird seit dem Mittelalter eine märchenhafte Legende überliefert: Während seiner Verhöre und Folterungen sagte Ignatius immer wieder den Namen des Heilands, Jesus Christus, vor sich hin. Auf die Frage, warum er dies tue, antwortete er: »Ich kann von seinem Namen nicht lassen, denn er ist eingeschrieben in mein Herz.« Als er tot war, wollten die Heiden die Wahrheit dieser Behauptung überprüfen, rissen das Herz aus dem Leichnam, schnitten es auf, und siehe: – da stand in goldenen Buchstaben der Name »JESUS CHRISTUS« mitten drin. Durch dieses Wunder wurden viele Heiden zu Gott bekehrt.

Abgebildet wird der Heilige meist mit einem Löwen und mit dem Monogramm Christi, als Symbole seiner Todesart. Warum er zum Patron bei Halsschmerzen und Hautausschlägen gemacht wurde, ist allerdings unklar. Nichtsdestoweniger soll Ignatius dem einen oder anderen Bittsteller schon geholfen haben.

Weil die wilde Wut der Katzen
einen Heiligen aus Dir macht,
daß Du stirbst in ihren Tatzen:
Nimm von mir der Schmerzen Nacht.
Laß die Kehle mir gesunden,
gib die Stimme mir sodann.
Träufle Öl auf meine Wunden,
daß ich Lob Dir singen kann.

Johannes (Apostel)

27. Dezember

anzurufen bei Vergiftung und Brandwunden

Unter allen Jüngern des Herrn nimmt Johannes einen außerordentlichen Platz ein. Er ist »der Jünger, den Jesus liebte«, der jüngste unter den Gefolgsleuten, der mit Petrus und seinem Bruder Jakobus zum engsten Kreis der Vertrauten gehörte. Die Darstellungen der Romantik aber, die ihn als zarten Jüngling unter rauhen Männern zeigen, täuschen. Denn Johannes hatte schon eine harte Lebensschule hinter sich, als er dem Ruf des Nazareners

»Folget mir nach!« Gehör schenkte. Er war, wie sein Vater und sein Bruder, Fischer auf dem See Genezareth. Das war damals kein Beruf für Träumer und Faulenzer, eher schon für harte Männer. Er war aber auch schon durch einen anderen Johannes, den Jordantäufer, auf die Ankunft Gottes vorbereitet gewesen.

Jesus erfährt so manches Mal, wie temperamentvoll und aufbrausend seine Anhänger sein können. »Donnersöhne« nennt er sie deshalb und erklärt ihnen ein ums andere Mal, daß er ein Reich der Liebe und des Friedens predige, das nicht von dieser Welt sei. Johannes vergilt die Zuwendung des Herrn mit einer treuen Anhänglichkeit. Als einziger folgt er Jesus nach seiner Gefangennahme und verbirgt sich nicht. Er begibt sich in das Haus des Hohenpriesters Kaiphas und bleibt nicht unerkannt unter dem Gesinde stehen, wie Petrus. Johannes steht unter dem Kreuz und fürchtet nicht, daß es ihm schaden könnte, der Jünger eines Verurteilten zu sein. So vernimmt er das Vermächtnis Jesu, der ihm die Sorgen um seine Mutter anvertraut! »Siehe, das ist deine Mutter!«

Nach der Himmelfahrt Christi erscheinen Petrus und Johannes wieder als die geistigen Führer der jungen Christengemeinde. Dreimal wird Johannes verhaftet, einmal sogar gegeißelt. Doch er bleibt unerschrocken und trägt die Botschaft Christi in viele Länder. Die unter Kaiser Domitian mit großer Schärfe wieder einsetzende Christenverfolgung bringt ihm die Verbannung auf die Insel Patmos, wo er seine berühmte »Apokalypse« schrieb. Nach seiner Rückkehr nach Rom setzt die dokumentarische Geschichte aus, und die Legende übernimmt das Wort:

Johannes wurde vor den Kaiser geführt und verhört. Da er seinen Glauben nicht verriet, wurde er zum Tode verurteilt, auf einen öffentlichen Platz gebracht und dort in einen Kessel mit siedendem Öl geworfen. Wunderbarerweise ging er unversehrt daraus hervor.

Johannes jedenfalls kehrte nach Ephesos zurück, wurde dort zum Bischof geweiht und machte sich an die Niederschrift des Evangeliums, die Inhalt und Aufgabe seines Alters wurde. Um das Jahr 100 starb er, in hohem Greisenalter, eines natürlichen Todes.

Einer weiteren Legende nach hatte ihn schon Jahre vorher ein heidnischer Priester in Kleinasien ermorden wollen. Der Heide bereitete einen Gifttrank und sagte zu Johannes: »Trinkst du diesen Trank ohne Schaden, so sei dein Gott auch der meine.« Um die tödliche Wirkung des Giftes unter Beweis zu stellen, holte der Götzenpriester zwei verurteilte Mörder und ließ sie das Gift trin-

ken. Beide fielen, von Krämpfen geschüttelt, tot nieder. Johannes aber nahm den Becher ohne Zögern, schlug ein Kreuz darüber und trank ihn aus. In atemloser Spannung warteten die Zuschauer auf den Tod des Apostels, doch das Gift blieb wirkungslos. Der heidnische Priester sagte: »Ich habe noch Zweifel an der Macht deines Herrn. Erst wenn du die beiden vergifteten Mörder wieder ins Leben zurückrufst, bin ich überzeugt. Dann verfluche ich meine Götter und lasse mich taufen.« Da nahm Johannes seinen Mantel von den Schultern, bedeckte damit die Toten und sprach ein Gebet. Als er daraufhin den Mantel fortzog, erhoben sich die beiden

Männer. Darauf wurden der heidnische Priester und seine Anhänger tatsächlich gläubig.

Die beiden Legenden, sowohl jene vom siedenden Öl wie auch die Vergiftungsgeschichte, standen bei den Patronaten dieses Heiligen Pate. Denn Johannes hilft bei Verbrennungen und Vergiftungen. Schon vor vielen hudert Jahren beteten die Kinder, wenn sie sich verbrannt hatten:

O heiliger Johannes mein,
hab' mir verbrannt meine Hand und Bein.
Nimm das Weh in Deine Hand
und führ es in ein fremdes Land.

Johannes der Täufer

24. Juni

anzurufen bei Epilepsie, Krämpfen und Schwindelanfällen; auch bei Furcht und Kinderkrankheiten

Das schreckliche Ende des Johannes ist allgemein bekannt: Die verführerische Salome forderte von ihrem Stiefvater Herodes das Haupt des Täufers als Gegenleistung für ihren lasziven Tanz der sieben Schleier. Bevor Johannes aber von Herodes eingekerkert wurde, hatte er eine bemerkenswerte Aktivität entfaltet, die den Weg für Christus bereiten half.

Er war der Sohn des jüdischen Priesters Zacharias und seiner Frau Elisabeth, die als unfruchtbar gegolten hatte und auch das gebärfähige Alter hinter sich hatte, als sie doch noch ein Kind erwartete. Eines Tages besuchte Elisabeth Maria, die mit ihr verwandt war. Die Begegnung der beiden schwangeren Frauen ist Inhalt vieler frommer Darstellungen geworden. Was von keinem anderen Propheten je gesagt wurde, traf auf Johannes zu: Er war bereits vom Mutterleib an vom Heiligen Geist erfüllt.

Über seine Jugend wissen wir wenig. Doch der erwachsene Mann macht landauf, landab von sich reden. Als »Rufer in der Wüste«, angetan mit einer Kutte oder in Fellkleidung, zieht er als

Bußprediger von Ort zu Ort und erschüttert die Menschen durch seine Reden. Seine Predigten sind so lebendig und wortgewandt, daß sich viele Zuhörer unmittelbar darauf taufen lassen. Johannes verstand sein Leben als Wegbereiter, und immer wieder hat er auf den Messias hingewiesen: »Es kommt einer, der mächtiger ist als ich. Ich bin nicht würdig, ihm auch nur die Schuhriemen zu lösen.« Dann erschien Jesus selbst und ließ sich von ihm taufen. Danach sagte Johannes zum Volk: »Das ist das Lamm Gottes, das die Sünde der Welt hinwegnimmt.«

Im Dunkel von Johannes' Märtyrertod ging die mosaische Verkündigung zu Ende. Die außerordentliche Verehrung, die ihm in der Kirche gezollt wurde und wird, hat ihn auch im Brauchtum lebendig erhalten. Die vielen Patronate, die ihm zugeschrieben werden, bestätigen diese Popularität. Im Vordergrund stehen hier die sogenannten »Dämonischen Krankheiten«, wie die Epilepsie, Tanzwut, Krämpfe und Schwindelanfälle Jahrhunderte hindurch bezeichnet wurden. Johannes der Täufer wurde auch Hauptpatron des im 11. Jahrhundert gegründeten Johanniterordens.

Katharina von Alexandria

25. November

anzurufen bei Zungenkrankheiten; auch gegen Unfall, Fehlgeburt und für eine glückliche Entbindung

Die Königstochter Katharina lebte nach dem Tod ihres Vaters völlig zurückgezogen in ihrem Palast in Alexandria. Zu dieser Zeit kam der römische Kaiser Maxentius in die Stadt, um durch einen großen Gerichtstag die staatlichen Götter zu schützen und das Christentum zu verbieten. Katharina, die nicht nur außerordentlich schön, jung und fromm war, besaß überdies geniale Begabung und Bildung in allen Wissenschaften sowie eine gehörige Portion Mut. Als sie nämlich von der Furcht der Christen vor dem Kaiser hörte, erschien sie unerwartet mit ihrem Gefolge am Ort des Geschehens. Durch das Kreuzzeichen gab sie sich sofort als Christin zu erkennen. Dann stellte sie den überraschten Kaiser zur Rede, warum er nicht bereit wäre, Jesus Christus als Erlöser anzuerkennen.

Der verblüffte Maxentius, von Katharinas Schönheit ebenso geblendet wie von ihren Argumenten verwirrt, versucht vorerst, Zeit zu gewinnen. Er verlangt nun von Katharina das vorgeschriebene Götzenopfer, aber die Königstochter erklärt ohne Scheu, daß sie einzig und allein Jesus Christus folge. Katharina besteht eisern darauf, ihre Haltung in einer Diskussion mit seinen führenden Philosophen verteidigen zu dürfen. Der Kaiser, der das schöne und mutige Mädchen bewundert, geht auf diesen Vorschlag ein.

Das Streitgespräch findet statt, und der eitle Sprecher der Staatsphilosophen unterliegt tatsächlich der wortgewandten Katharina. Nach einer zweiten Diskussionsrunde gesteht der Philosoph sein Scheitern ein und wird von dem erzürnten Kaiser zum Tod auf dem Scheiterhaufen verurteilt. Katharina tröstet ihn mit dem

Hinweis, daß der Feuertod für ihn die Taufe ersetze und er der ewigen Seligkeit sicher sein dürfe.

Die Legende erzählt weiter, daß der Kaiser nun der unbeugsamen Katharina die kaiserliche Würde anbietet und verspricht, in allen Städten des Landes ihr Standbild errichten zu lassen. Diese Vorschläge haben für sie jedoch nicht einmal den Charakter der Versuchung. So bleibt Maxentius, will er nicht sein Gesicht verlieren, nichts anderes übrig, als die damals üblichen Strafen auszusprechen. Er läßt Katharina die königlichen Gewänder vom Leib reißen, sie mit bleibestückten Ruten geißeln und in den Kerker werfen. Der Kaiser, der das Duell des Willens noch immer nicht aufgegeben hat, versucht nun, das Mädchen durch Todesangst zu erschrecken. Er läßt eine Maschine konstruieren, die die Verurteilte zuerst nur durch das schauerliche Geräusch ihrer vier Räder erschrecken, sie dann aber notfalls durch Vierteilung töten soll. Auch dieser Versuch mißlingt. Während Katharina von Engeln gerettet wird, töten die zerbrechenden Räder zahlreiche Soldaten des Exekutionskommandos. Die schaulustige Menge erweist dem Christengott ihre Reverenz, und sogar die Kaiserin bestürmt nun Maxentius, von seinem Vorgehen gegen die Anhänger des einzigen, wahren Gottes abzulassen. Als er erkennt, daß seine Frau ebenfalls Christin ist, läßt ihr der fassungslose Maxentius die Brüste abreißen und sie gemeinsam mit zweihundert Soldaten vor der Stadt enthaupten. Katharina folgt den eben gewonnenen Freunden auf dem Weg ins Martyrium.

An der Richtstätte angelangt, bittet sie den Henker, ein letztes Gebet sprechen zu dürfen. Die Hände zum Himmel erhoben, erfleht sie vom Herrn: Er möge allen, die sich aus Liebe zu Christus an Katharina erinnern, stets Brot und Wein in Hülle und Fülle sowie Gesundheit schenken. Die Verehrer Katharinas mögen beschützt sein vor jeglicher Naturkatastrophe, vor jeder Krankheit und besonders vor dem Übel eines »plötzlichen Todes«. Niemand, der ihren Namen anruft, soll ein Glied verlieren, eine Fehlgeburt erleiden oder in den Wehen sterben. Jeder, der in seiner Todesstunde an Katharina denkt, darf sicher sein, daß Engel ihn ins Paradies begleiten.

Erst nachdem eine himmlische Stimme Katharinas Erhörung bestätigt, beugt sie ihr Haupt, um den tödlichen Hieb des Scharfrichters zu empfangen. Was dann geschieht, beweist den Umstehenden unmißverständlich, daß die Heilige längst der irdischen Welt entrückt ist: Aus ihren Adern strömt kein Blut, sondern Milch. Außerdem ergreifen Engel ihren Leichnam und tragen ihn auf den Berg Sinai, um ihn dort zu bestatten.

Als ebenso gelehrte wie erfolgreiche Verteidigerin des wahren Glaubens war es geradezu unausbleiblich, daß Katharina die Patronin der Theologen, Philosophen und Advokaten wurde. In der Folge übertrug man ihr auch die Patronate für Hochschulen und Bibliotheken, für Lehrer, Studenten, Schüler, Buchdrucker und Redner. Letzteres hat mit der Gewandtheit ihrer Zunge zu tun, was sie ohne lange Umwege zur Schutzheiligen bei Mund- und Zungenkrankheiten werden ließ. Weil aber Katharina auch allen Kranken und Sterbenden ihre Hilfe zugesagt hat, erscheint sie häufig als Beschützerin der Spitäler. Da sie die lange Kerkerhaft so standhaft ertragen hat, flehen auch die Gefangenen zu ihr um Befreiung. Und weil die Räder des zu ihrer Hinrichtung konstruierten Karrens versagten, gilt sie auch als Schirmherrin verschiedener Zünfte, in deren Handwerk das Rad eine Rolle spielt.

Eine Votivtafel in einem alpenländischen Dorfkirchlein zeugt von der Verehrung, die die Heilige genießt, und gleichzeitig von einer Heilung, die ihr dort zugeschrieben wird:

Du heilige Katharina,
nimm meinen Dank hier hin!
Mein Mund und meine Zung' war'n krank.
Jetzt sind sie g'sund. Hab vielen Dank!

Katharina von Siena

29. April

anzurufen bei Migräne; früher auch gegen Pest

Eine Persönlichkeit wie Katharina kann mit den Maßstäben unseres Jahrhunderts kaum gemessen werden. Denn sie war in einer Weise maßlos und verstiegen, daß sie heutzutage vermutlich als pathologischer Fall abgetan werden würde. Als fünfundzwanzigstes (!) Kind eines Wollfärbers wurde sie gemeinsam mit einer Zwillingsschwester im Jahr 1347 geboren. Die Familie war arm, rechtschaffen und fromm, und die tägliche Messe gehörte zum Tagesplan der kleinen Katharina. Trotzdem waren die Eltern nicht einverstanden mit der nahezu ausschließlichen Hinwendung ihrer kleinen Tochter zu Gebet und Bußübungen. Aber das Kind blieb standhaft. Mit sieben Jahren hatte sie eine Vision, nach der sie immerwährende Keuschheit gelobte. Deshalb gelang es mehrere Jahre später ihren Eltern auch nicht, sie zur Eheschließung zu überreden. So lebte sie im Elternhaus, arbeitete wie eine Magd, fastete oft wochenlang, wobei sie nur von Kräutern und Wasser lebte, und gewöhnte sich sogar den Schlaf ab. Auf den Knien betete sie stunden- und tagelang um Selbsterkenntnis für sich selbst, um Bekehrung und Reue für die Sünder und um den Frieden für die entzweite Welt.

Schließlich gaben die Eltern den Widerstand auf. Katharina darf in den Dritten Orden des heiligen Dominikus eintreten. Wieder verschließt sie sich als Halbnonne der Welt. Doch noch bevor ihre Probezeit abgelaufen ist, hört sie eine innere Stimme, die ihr befiehlt, in die Welt zu gehen. Sie gehorcht. Das abgezehrte, junge Mädchen widmet sich den Armen und Siechen der Stadt mit einer Kraft, die niemand in dem ausgezehrten Körper vermutet hätte. Sie hat keine Scheu vor den widerwärtigen Krankheiten, sie geht in die Kerker, sie nimmt sich der Sterbenden an. Als im Jahr 1374 wieder die Pest über die Stadt hereinbricht, harrt sie mit einigen anderen frommen Schwestern in dem verseuchten Ort aus und betreut die Pestkranken.

Im darauffolgenden Jahr, als sie bei einer Pilgerfahrt nach Pisa besonders innig zu Jesus Christus betet, erscheinen die Wundmale Christi an ihren Händen und Füßen. In ihre Heimatstadt zurückgekehrt, gründet sie ein Kloster und schreibt leidenschaftliche Aufrufe an hohe Geistliche und sogar den Papst, den politischen und kirchenpolitischen Auseinandersetzungen in Italien und den angrenzenden Ländern durch vorbildliche Lebensführung und geschickte Verhandlungen ein Ende zu machen. Daß sie sich mit ihren oft sehr deutlichen Briefen und ihrer herben Kritik an Höhergestellten nicht nur Freunde machte, liegt auf der Hand.

Um ihren schriftlichen Appellen Nachdruck zu verschaffen, reiste Katharina 1380 nach Rom. Doch die Strapazen der Fahrt und ihr vorhergehendes asketisches Leben hatten ihre Kräfte aufgezehrt. Sie brach in Sankt Peter zusammen und starb, nachdem sie acht Wochen lang, unter unsäglichen Schmerzen und nahezu bewegungslos liegend von Dämonen und Visionen gequält worden war. Mit ihren letzten Worten beschwor sie das Blut Jesu. »Sangue, sangue!« hörten die Freunde sie rufen, die sich in ihrer Sterbestunde an ihrem Lager versammelt hatten.

Was die heilige Katharina zu ihren Lebzeiten gelindert hatte – Armut, Verzweiflung, Pestkrankheit, Auseinandersetzungen –, das mildert sie jetzt auch für alle, die zu ihr beten. Die Pest ist glücklicherweise erloschen. Doch ist das diesbezügliche Patronat auf alle epidemisch auftretenden Krankheiten übertragen worden.

Katharina, Du heiliges Werkzeug des Friedens,
die Du liebst, wo andere hassen,
die Du verzeihst, wo man beleidigt,
die Du verbindest, wo Entzweiung herrscht:
schütze mich und die meinen
vor Unfrieden, Krankheit und Not.
Hilf mir, den Trost des Glaubens finden
und laß mich die Prüfungen und das Leid
geduldig ertragen.

Klemens

23. November

anzurufen bei Kinderkrankheiten;
auch bei Verdurstungsgefahr und Wassermangel

Der heilige Klemens wird als dritter Papst der Christenheit seit dem zweiten Jahrhundert von den Gläubigen verehrt. Er stammte aus einer vornehmen römischen Familie, die allerdings von einem dunklen Geschick auseinandergerissen wurde. Der heranwachsende Klemens begab sich schließlich selbst auf die Suche nach seinen Eltern und einem älteren Zwillingsbrüderpaar. Nach mancherlei Irrfahrten und Beschwernis gelang es ihm, die verschollenen Familienmitglieder zu finden und die Familie glücklich zu vereinen.

Bei seinen langwierigen und umfangreichen Bemühungen um diese Zusammenführung der Familie war Klemens gleichzeitig auf der Suche nach der wahren Wahrheit und nach einer Antwort auf die bohrende Frage nach dem Sinn des Daseins. Er fand sie in der christlichen Botschaft, die damals noch von Petrus selbst auf seinen Missionsreisen verkündet wurde. Nach dem Wiederfinden der Familie kehrte Klemens zu Petrus zurück und war in seinen letzten Lebensjahren sein treuer Begleiter. In einer feierlichen Versammlung der Gläubigen stellte ihn Petrus als seinen Nachfolger vor: »Weil die Tage meines Todes nahe sind, bestelle ich Klemens zu eurem Bischof. Ihm vertraue ich mein Lehramt an... Auf ihn sollt ihr hören...« Klemens nahm das Amt jedoch nicht an, sondern wurde erst im Jahr 88 n. Chr. nach Linius zum Bischof von Rom gewählt.

Der Heilige bekehrte viele Angehörige des römischen Adels, was Kaiser Trajan natürlich hinterbracht wurde. Er ließ deshalb Klemens trotz seines fortgeschrittenen Alters ergreifen und auf die Halbinsel Krim verbannen. Hier waren schon mehr als zweitausend verhaftete Christen, die in den Steinbrüchen nach Erz schürfen mußten und bei dieser harten Arbeit oft starben. Auch Klemens blieb die schwere Arbeit nicht erspart. Das schlimmste war der Wassermangel und der grausame Durst, der die Verbannten quälte. Die Legende erzählt: Von Mitleid für seine Leidensgenossen ergriffen, warf Klemens sich auf die Knie und betete um Hilfe. Ein Fingerzeig Gottes wies ihm eine Stelle in einem Felsen. Klemens kletterte hinauf, schlug seine Hacke in den Stein, und tatsächlich quoll Wasser daraus hervor! Staunend über dieses Wunder bekehrten sich daraufhin auch alle jene Strafgefangenen, die bisher noch nicht Christen gewesen waren, und viele Bewohner der Halbinsel. Sie rissen die heidnischen Tempel ein und setzten christliche Bethäuser an ihre Stelle. Das konnte Kaiser Trajan nicht dulden. Im Jahre 101 schickte er seine Schergen auf die Halbinsel und befahl ihnen, Klemens zu töten. Sie brachten ihn auf einem Schiff ins Meer hinaus, banden einen Anker an seinen Hals und versenkten ihn in den Fluten, damit die Christen seinen Leib nicht finden sollten. Doch kaum hatten sich die Henkersknechte entfernt, wich das Meer zurück und eine schöne Marmorkapelle wurde sichtbar. Darin stand ein steinerner Sarg, der den Leichnam des Heiligen enthielt. Viele Jahre später brachte der heilige Cyrillus die Reliquien nach Rom, wo sie in der Kirche S. Clemente beigesetzt wurden.

Kosmas und Damian

26. September

anzurufen bei Drüsenleiden und Geschwüren;
auch gegen Epidemien

Bei diesen beiden Heiligen, die stets nur gemeinsam auftraten, handelt es sich um Zwillingsbrüder, die aus Arabien stammten. Als Ärzte heilten sie zeitlebens Kranke von ihren Leiden, ohne jemals Geld dafür zu nehmen. Nach ihrem Märtyrertod setzten sie ihre segensreiche Tätigkeit fort, wie viele Votivbilder und verschiedene Geschichten erzählen. Kosmas und Damian sorgten nicht nur für das leibliche Wohl der ihnen anvertrauten Patienten, sie gewannen auch viele von ihnen für das Christentum. Diese Tätigkeit war es, die ihnen im Jahr 303 unter Kaiser Diokletian die

Verhaftung und den Kerker eintrug. Nach furchtbaren Foltern, durch die sie zum Abfall bewogen werden sollten, besiegelten sie schließlich ihren Glauben durch die mutig hingenommene Enthauptung.

In den Kirchen, die den beiden heiligen Ärzten geweiht sind, suchten schon in den ersten Jahrhunderten nach ihrem Tod viele Kranke Zuflucht. Damals war es nicht ungewöhnlich, daß die Heilungsuchenden auf Matten oder Decken gebettet ihre Nächte in der Kirche zubrachten, bis sich die Heilmärtyrer ihrer Not annahmen. Kranke berichteten, daß ihnen die heiligen Ärzte im Traum erschienen seien, um ihnen die rettende Kur zu verordnen. Außerdem wurde früher an ihrem Festtag eine Salbe geweiht, die man gegen Pest und viele andere Krankheiten verwendete.

Aus dem Mittelalter stammt auch die folgende Legende, aus der die gläubige Verehrung der Heiligen ebenso spricht wie ein praktischer und volksverbundener Humor: Ein Mann, der im Bein ein Krebsleiden hatte, war in der Kirche eingeschlafen. Da erschienen ihm Kosmas und Damian in seinem Traum. Sie trugen Salben und allerlei ärztliche Geräte mit sich. Als sie das Bein des Kranken sahen, berieten sie sich untereinander, wo sie denn gesundes Fleisch für das Bein hernehmen sollten. Jedenfalls stand für die beiden Ärzte fest, daß sie wegen des großen Geschwürs viel krankes Fleisch aus dem Bein schneiden müßten. Da sagte einer zum anderen: »Auf dem Friedhof ist heute ein Mohr begraben worden, der ist noch frisch. Von dem holen wir uns, was wir für diesen Mann brauchen.« Also lief der eine zum Friedhof und holte das Bein des Mohren, entfernte den kranken Schenkel und nähte den gesunden an. Dann salbten sie die Wunde mit Sorgfalt, bis sie abheilte. Das Bein des Kranken brachten sie zum Leib des Mohren. Als der Mann erwachte, befühlte er sein Bein. Es tat nicht mehr weh und war heil. Da lief er aus Neugier zum Grab des Mohren und sah seinen eigenen Schenkel in dessen Grab liegen. Er bekreuzigte sich dreimal, ging zurück in die Kirche und dankte Kosmas und Damian im Gebet für seine Heilung.

Nicht von ungefähr erlebte die Verehrung der beiden Märtyrer-Ärzte während des Mittelalters einen besonderen Aufschwung in den Hansestädten, wo infolge weltweiter Handelsbeziehungen immer wieder Epidemien aller Art eingeschleppt wurden. Deshalb liegen auch im Dom von Hildesheim und in der Domkirche Essen Reliquien von ihnen.

Ihren besonderen Schutz gewähren Kosmas und Damian nicht nur bei Epidemien, sondern auch bei Drüsenkrankheiten.

Kunigunde

13. Juli

(in manchen Gegenden auch der 3. März)

anzurufen gegen Kinderlosigkeit

Kunigunde stammte aus einem luxemburgischen Grafengeschlecht. Inmitten einer großen Geschwisterschar wurde sie fromm und in höfischer Sitte erzogen. Ihre frühen Unterweisungen in den Klöstern der Umgebung, die ja die Bildungsstätten jener Tage waren, riefen in ihr den Wunsch wach, das ganze Leben hinter Klostermauern zu verbringen. Als ihre Eltern sie jedoch mit dem Bayernherzog Heinrich verloben wollten, weigerte sie sich nicht. Wenige Jahre später wurde sie als Gemahlin Heinrichs deutsche Königin, und 1014 empfing sie an seiner Seite die Kaiserkrone in Rom. Unermüdlich begleitete Kunigunde den König und Kaiser auf seinen Reisen durch das große Reich. Da sie klug und gebildet war, schätzte sie Heinrich als Ratgeberin in politischen Fragen. Manchmal übertrug er ihr sogar die Verwaltung einzelner Teile seines Reiches. So gesehen war also Kunigunde eine richtige »Karrierefrau«. Trotzdem lag ihre eigentliche Berufung nicht im weltlichen Bereich. Kunigunde unterstützte aus ganzer Seele die Stiftungen und Schenkungen ihres Ehemannes an die Kirche. Besonderen Eifer entwickelte sie bei der Ausstattung ihres Lieblingsbesitzes Bamberg. In Erfüllung eines Gelübdes, das sie in schwerer Krankheit gemacht hatte, baute sie in der Gegend von Kassel die Benediktinerinnenabtei Kaufungen.

Schon 1007, bei der Gründung des Bistums Bamberg, scheint es dem königlichen Paar bewußt gewesen zu sein, daß es keine Kinder haben würde. Heinrich erklärte nämlich in der Stiftungsurkunde, daß er Christus zu seinem einzigen Erben einsetzen wolle, da er auf eigene Kinder nicht mehr hoffen könne. Dementsprechend berichtet die Legende, Kunigunde und Heinrich hätten sich einvernehmlich zu absoluter Keuschheit verpflichtet und nur eine sogenannte »Josephsehe« geführt. Dafür spricht aber einzig und allein die Tatsache der Kinderlosigkeit. Sonst wird diese Theorie durch keinen Beweis erhärtet.

Andererseits sieht die Legende König Heinrich als eifersüchtigen Ehemann, der, als seine Gemahlin bei ihm des Ehebruchs beschuldigt wurde, eine Feuerprobe von ihr verlangte. Kunigunde, die sich ihrer völligen Unschuld bewußt war, erklärte sich bereit, fünfzehn Schritte über glühende Pflugscharen zu gehen. Vor den Augen einer staunenden Menge wurde alles für das Gottesurteil vorbereitet. Kunigunde entledigte sich ihrer Schuhe, sandte ein inniges Gebet zum Himmel und betrat unerschrocken das glühende Eisen. Der Himmel wirkte das Wunder: Ohne die geringste Verletzung bestand sie die Probe, worauf sie von ihrem beschämten Ehemann reuig in die Arme geschlossen wurde.

Da es also keine Kinder gab, für die die Königin und Kaiserin nach dem Tod ihres Mannes das Reich hätte verwalten müssen, beschloß sie im Alter von vierundvierzig Jahren, endlich ihren Jugendwunsch zu verwirklichen: Sie trat in das Kloster Kaufungen ein, legte ihre königlichen Gewänder ab und empfing aus der Hand des Bischofs Bußkleid, Schleier und Ring. Von nun an lebte sie als einfache Schwester im Konvent und stellte ihre Demut dadurch unter Beweis, daß sie den angebotenen Äbtissinnenstab ablehnte. Je mehr die weltlichen Großen ihre ehemalige Kaiserin vergaßen, um so mehr wurde sie von ihren Mitschwestern und den einfachen Gläubigen geliebt.

Als sie auf dem Sterbebett lag, quoll das Kloster über von Trauernden. Es wurde alles vorbereitet, um Kunigunde nicht als schlichte Nonne, sondern als Kaiserin zur ewigen Ruhe zu betten. Aber Kunigunde widersetzte sich diesem gutgemeinten Vorhaben und wies mit letzter Kraft ihre Betreuerinnen an: »Schafft das hinweg, das ist nicht mein Gewand! Mit diesem, das ich trage, bin ich dem Himmlischen verbunden.« Man hielt sich an ihren bescheidenen Wunsch und erfüllte ihr auch noch einen zweiten: Kunigunde wurde in Bamberg, an der Seite ihres Gemahls, beigesetzt.

Bei aller Verehrung, die sie genoß, findet sich nirgends ein Gebet, das ausdrücklich an die heilige Kunigunde gerichtet ist. Nichtsdestoweniger wird sie von jungen Frauen angerufen, die bei ihr Empfängnis und einen problemlosen Verlauf der Schwangerschaft erbitten. Der Grund für dieses Patronat ist naheliegend. Da sie selbst unter ihrer Kinderlosigkeit litt, bringt sie besonders viel Verständnis für die Wünsche und Ängste auf, die ein werdendes Leben begleiten.

Lambert von Maastricht

18. September

anzurufen bei Nierenleiden

Die vornehme fränkische Familie, der Lambert entstammte, unterschied sich in ihrer Lebensführung kaum von ihren Standesgenossen jener Zeit. Der im Jahr 635 geborene Sohn Lambert wurde sorgfältig erzogen und ausgebildet, und zwar nicht nur im Waffenhandwerk, sondern auch in den Wissenschaften. Es zeigte sich schon bald, daß er den naiven Spielen seiner Altersgenossen weniger abgewinnen konnte als dem frommen Gebet. Wie wunderbar diese schon damals erhört wurden, erzählt eine Episode aus seiner Kinderzeit.

Lambert hatte eine Pflegerin, die blind geworden war. Er betete auf den Knien für die Frau, und sie erhielt ihr Augenlicht wieder. Daraufhin war es klar, daß der Knabe einem Geistlichen zur weiteren Erziehung übergeben wurde: dem heiligen Landoardus, der ihn in den heiligen Schriften und Wissenschaften unterwies. Nachdem Landoardus zum Gehilfen des Bischofs von Maastricht berufen worden war, mußte er sich von seinem Schüler trennen.

Lambert lebte daraufhin in der Einsamkeit seinen Studien und Gebeten. Durch so manches Wunder verbreitete sich der Ruf des frommen Lambert in der ganzen Gegend, so daß Bischof Theodardus ihn zu sich holte, um ihn zu seinem Nachfolger heranzuziehen.

Als der Bischof 668 auf Anstiftung des allseits gefürchteten Hausmeiers von Neustrien, dem Gutsverwalter Ebroin, ermordet wurde, erwählte man wirklich Lambert zu seinem Nachfolger. Trotz seiner Jugend war er ein würdiger Bischof und ein guter Hirte seiner Herde. Er genoß die besondere Gunst der beiden Frankenkönige, die häufig seinen Rat suchten. Dadurch erregte nun auch er den Zorn Ebroins. Lambert ging der Auseinandersetzung mit dem Gutsverwalter aus dem Weg, indem er als Novize die Einsamkeit und Armut eines Klosters aufsuchte. Sieben Jahre verbrachte er fern der Welt. Doch dann wurde Ebroin gestürzt und ermordet. Auf Bitten der Maastrichter Bevölkerung kehrte Lambert auf den Bischofsstuhl zurück, wo er die Seelengröße aufbrachte, für die Seele seines getöteten Feindes zu beten.

Weniger großmütig zeigte er sich Jahrzehnte später, als er Pippin von Heristal dafür tadelte, daß er sich von seiner angetrauten Gattin getrennt hatte und mit der schönen Alpais zusammenlebte. Ihren Sohn, der später als Karl Martell Geschichte machen sollte, wollte Lambert nicht segnen, als er einmal am Hofe weilte. Durch diese Weigerung, aber auch durch seine unbeugsame Haltung, wenn es um die Verteidigung von Kirchenbesitz ging, machte er sich viel Feinde. Und daß Feindschaften in jenen Tagen mitunter tödlich endeten, ist bekannt. Als sich Lambert wieder einmal in ein einsames Landhaus zurückgezogen hatte, um dort zu beten und in der Stille zu weilen, überfielen Mörder ihn und sein Gefolge. Lambert verbot jede Gegenwehr. So wurden alle seine Diener erschlagen. Zuletzt tötete man ihn selbst, während er betend vor dem Altar kniete.

Es dauerte nicht lange, bis Lambert als Heiliger und Märtyrer verehrt wurde. Zahlreiche Lamberti-Kirchen, vor allem im Rheinland und in Belgien, zeugen von der Verbreitung seines Kultes. Manche Wunder, die sich an diesen Stätten bei der Anrufung des Heiligen ereignet haben, machten ihn zum Patron der Nierenkranken. So wurde nicht lange herumgeredet, wenn man seine Hilfe erbat:

Kolik gut, Krämpfe gut,
ich beschwöre euch bei Christi Blut
und bei des heiligen Lambert Blut.
Von dieser Qual laß ab,
sonst bringst du mich ins Grab.

Laurentius

10. August

anzurufen bei Brandwunden und Rückenschmerzen
sowie zur Kühlung der Hitze bei Fieber

Auf dem Weg nach Toledo traf Papst Sixtus den Diakon Laurentius, der spanischer Herkunft war. Er nahm ihn mit nach Rom, wo er ihn mit der Fürsorge für die Armen betraute. Der Dienst für die Kirche führte im dritten Jahrhundert nicht selten in den Kerker oder gar in den Märtyrertod. So wurde auch Papst Sixtus, sein geliebter Lehrer, im August 258 zur Hinrichtung verurteilt. Als Laurentius davon erfuhr, begann er haltlos zu weinen. Aber er verzweifelte nicht wegen des bevorstehenden Todes seines Lehrers, sondern darüber, daß er zurückstehen mußte. Doch Sixtus tröstete ihn mit den Worten: »Nein, mein Sohn, ich lasse dich nicht zurück und verlasse dich auch nicht. Dir stehen größere Kämpfe zu. In drei Tagen wirst du mir nachfolgen...«

Da Laurentius auch mit der Finanzverwaltung der römischen Kirche zu tun hatte, forderte der Kaiser von ihm die Herausgabe des Kirchenschatzes. Laurentius versprach, alle Schätze der Kirche zusammenzutragen. Nachdem er den Kirchenschatz heimlich unter die Armen verteilt hatte, rief er die Entrechteten, die Alten, Kranken und Schwachen, die Blinden und die Lahmen zusammen. Dann führte er sie zum Kaiser: »Das sind die ewigen Schätze der Kirche!« sagte er. Die Enttäuschung und Wut des heidnischen

Herrschers kannte keine Grenzen. Er ließ einen großen Rost herbeischaffen und befahl, den Diakon, der ihn so verspottet hatte, darauf bei lebendigem Leib zu braten.

Das geschah. Doch Christus und der Glaube stärkten Laurentius in seinen Qualen, so daß er, während er auf dem Rost in den Flammen lag, den Henkersknechten gesagt haben soll: »Der Braten ist jetzt fertig. Dreht ihn um und eßt!« Nachdem der Heilige so mutig in den Tod gegangen war, begruben ihn die Christen in einem Friedhof an der Via Tiburtina, wo der christliche Kaiser Konstantin später eine Basilika errichten ließ. Diese Weihestätte zog bald viele Wallfahrer an und zählt bis heute zu einer der sieben Hauptkirchen Roms. Auch in anderen Ländern Europas breitete sich der Laurentius-Kult rasch aus. Als beispielsweise Kaiser Otto I. am 10. August 955, also am Festtag des Heiligen, die Ungarn auf dem Lechfeld besiegte, wurde der Sieg dem Heiligen zugeschrieben. Damit fand die Verehrung des Laurentius in Deutschland eine kräftige Stütze. In Spanien, seinem Herkunftsland, brachte er es sogar bis zum Nationalheiligen.

Daß er Patron aller Berufszweige wurde, die auch nur im entferntesten mit dem Feuer zu tun haben, überrascht angesichts der Art seines Todes kaum. Ebenso offensichtlich sind seine Krankheitspatronate: Der heilige Laurentius wird angerufen bei Verbrennungen und in der Hitze des Fiebers, das seine Fürbitte kühlen hilft; aber auch bei Rückenschmerzen aller Art, was sich vermutlich aus der Überlegung herleitet, daß er an dieser Körperstelle am meisten unter den züngelnden Flammen gelitten hat. Ein Jahrhunderte alter Spruch ruft den heiligen Laurentius gegen Fieber zu Hilfe:

Sankt Lorenz saß auf glühendem Rost,
da kam Gott mit seinem Trost,
mit seiner starken allmächtigen Hand,
löscht aus den kalten und heißen Brand.
St. Lorenz, Deine Hilf' mir gib,
weil ich Dich recht von Herzen lieb.

Leonhard von Noblac

6. November

anzurufen für eine gute Entbindung;
auch gegen langes Siechtum und Kopfschmerzen

Der heilige Leonhard lebte im sechsten Jahrhundert und stammte aus einem vornehmen fränkischen Geschlecht. Er erhielt eine umfassende höfische Ausbildung und hatte eine glänzende Zukunft als Ritter des Königs Chlodwig I. vor sich. Der Erzbischof von Reims, Remigius, hatte dem heranwachsenden jungen Mann jedoch die Augen und das Herz für ein anderes Leben geöffnet.

Leonhard verzichtete auf alle Vorteile seiner adeligen Geburt und wurde zum Priester geweiht. Nun begann er, das Christentum zu predigen und bewies dabei eine solche Überzeugungskraft, daß viele sich bekehrten und taufen ließen. Rasch breitete sich sein Ruf aus, um so mehr, als wunderbare Krankenheilungen die Wirkung seiner Worte verstärkten.

Es dauerte nicht lange, bis Remigius seinen Schutzbefohlenen zum Bischof weihen wollte. Doch Leonhard weigerte sich, sich mit einem Bistum belehnen zu lassen, und begab sich in die Abgeschiedenheit der Wälder bei Limoges. Die Kunde von dem frommen, wundertätigen Einsiedler breitete sich aus, und viele Bauern der Umgebung kamen, um Rat und Hilfe zu suchen. Seine Kenntnis der Natur bewährte sich bei vielerlei Beschwerden, und er heilte mit Gottes Hilfe und segenbringenden Kräutern Mensch und Vieh. Als der Heilige einmal der Gemahlin König Theodeberts bei einer schweren Geburt beistand, so daß sie und das Kind genasen, schenkte der glückliche Vater dem Einsiedler ein Stück Waldland. Darauf entstand nach und nach das Kloster Saint-Léonard-de-Noblat. Leonhard übte das Amt des Abtes mit Weisheit und Frömmigkeit aus. Seine besondere Hilfe und Fürsprache galt den Gefangenen, die er besuchte, sooft er konnte, und für deren Freilassung er sich einsetzte. Um die Freigelassenen nicht wieder rückfällig werden zu lassen, vertraute er ihnen die Rodung seines Waldes und die Errichtung bäuerlicher Siedlungen an – eine Maßnahme, die heute als »Resozialisierung« im besten Sinne gelten würde.

Bei guter Gesundheit und im Vollbesitz seiner Kräfte erlangte Leonhard ein hohes Alter. Obwohl er den Tag seines Todes im Traum gesehen hatte, hörte er nicht auf, seine Arbeiten zu verrichten. Der heilige Leonhard starb am 6. November 559 nach einem erfüllten Leben.

Trotz seiner adeligen Herkunft wurde Leonhard ein richtiger »Bauernheiliger«. Im österreichischen Pinzgau erzählt eine Sage davon, wie Leonhard dazu beigetragen habe, daß die berühmte Rasse der Pinzgauer Pferde entstanden sei. Dort kursiert auch eine humorvolle Anrufung des Schutzpatrons zum Wohle des teuren Tierbestands:

Heiliger St. Leonhard, der's Vieh all kuriert,
mach, daß uns heuer ka Rindl nit krepiert.
D' Ochs'n san ja teuer, das weißt ja von eh,
erhalt uns die Zenzi und d' Salome!

Da Leonhard selbst ein hohes Alter erlangte, ohne unter sichtbaren Altersbeschwerden zu leiden, wird er häufig in diesem Zusammenhang angerufen, er möge die gesundheitlichen Probleme des Alters lindern und ein langes Siechtum abwenden.

Margareta von Antiochia

20. Juli

anzurufen gegen Unfruchtbarkeit und Fehlgeburt und für eine leichte Entbindung; außerdem bei Gesichtsverletzungen und -krankheiten

Die wenigen historischen Belege, die es über das Leben der heiligen Margareta gibt, deuten darauf hin, daß sie um die Wende des dritten zum vierten Jahrhundert in Antiochia lebte. Die Legende erzählt, daß sie die Tochter eines heidnischen Priesters war, der sie wegen ihres christlichen Glaubens aus dem Hause trieb. Sie verbarg sich bei ihrer Amme, deren Schafe sie hütete. Dort entdeckte der Präfekt Olybrius das fünfzehnjährige Mädchen und verliebte sich Hals über Kopf in die schöne Jungfrau. Seine Soldaten sollen die Herkunft Margaretas erkunden: Ist sie eine Magd, soll sie seine »Beischläferin« werden, stammt sie aber aus vornehmer Familie, will er sie heiraten.

Margareta jedoch hat keineswegs die Absicht, die Frau eines Heiden zu werden. Sie hat Jungfräulichkeit gelobt und will als fromme Christin leben. Letzteres nimmt Olybrius zum Vorwand, um sie zu verhaften. Nach ebenso langen wie nutzlosen Verhören und Diskussionen befiehlt der Präfekt die Geißelung des Mädchens. Anschließend wird sie trotz ihrer Verletzungen wieder in den Kerker geworfen. Im dunkeln Verlies versucht sie der Teufel in Menschen- und Drachengestalt. Doch Margareta führt ein kleines Kreuz zu ihrem Schutz mit. Damit schwächt sie den in Drachengestalt erschienenen Teufel so sehr, daß sie dem Untier ihren Fuß auf den Nacken setzen und es, von ihrem dünnen Gürtel gebunden, dem staunenden Volk vorführen kann.

Der Statthalter läßt sich durch dieses Erlebnis nicht von seinem Haß abbringen, mit dem er das Mädchen verfolgt, seit sie seine Liebe zurückgewiesen hat. Verhöre und weitere Folterungen wechseln einander ab. Aber nicht einmal die Tortur durch bren-

nende Fackeln und das Eintauchen in siedendes Öl vermögen ihren Willen zu brechen oder ihr bleibenden Schaden zufügen. Sogar als man ihr das Fleisch mit eisernen Kämmen von den Gliedern reißt, heilen ihre Wunden nachts wieder, ohne auch nur eine Spur der Mißhandlung zu hinterlassen.

Auf so sichtbare Weise von Gott beschützt, wird sie vom Volk hochverehrt, und von ihren Worten geht eine außergewöhnliche Kraft aus. Noch während ihrer Prozesse bekehrt sie zahlreiche Zuschauer zum Christentum, die jedoch alle um ihres Glaubens willen enthauptet wurden, so daß der Scharfrichter des Olybrius kaum zur Ruhe kommt. Die Enthauptung der heiligen Margareta setzt schließlich auch ihrem Leiden ein Ende.

Sofort nach ihrem Tod setzte in der Ostkirche die Verehrung der heiligen Marina, wie sie dort genannt wird, ein. Nach Mitteleuropa getragen wurde ihr Kult durch die Kreuzritter. Als Nothelferin erlangte sie außergewöhnliches Ansehen und große Volkstümlichkeit. Besonders die Legende ihrer Drachenbezwingung bewegte die einfachen Gemüter jener Zeit, und man wurde nicht müde, sie zu wiederholen und entsprechend auszuschmücken.

Eine Heilige von solcher Wundermacht galt naturgemäß dem Volk als Schutzheilige in allen erdenklichen Nöten und Gefahren. So bildete sich die Überzeugung, daß Margareta allen ihren Verehrern Stärke und Sieg verlieh. Besondere Wunderkraft wurde dabei dem Gürtel Margaretas zugeschrieben, mit dem sie den Drachen gefesselt hatte. Eine Folge dieses Glaubens war, daß im Spätmittelalter an verschiedenen Kultstätten ein solcher Margaretengürtel auftauchte, der dann entsprechend verehrt wurde. Vor allem die Frauen fühlten sich von diesem Kleidungsstück beschützt: Es konnte ihnen Kinderwünsche erfüllen, Fehlgeburten abwenden und die Entbindung erleichtern. Ebenso rief man bei allen Krankheiten, die das Gesicht betrafen, den Schutz der Heiligen an:

Sei mir willkommen, helles Licht,
Margreta, heile mein Gesicht.
Denn heute und auch immerdar
bet ich zu Dir und zu der heiligen Schar.

Martin von Tours

11. November

anzurufen bei Ausschlägen, Rotlauf und Blattern; aber auch gegen Blähungen und vielerlei Übel

Der heilige Martin wurde als Sohn eines römischen Offiziers 316 in Ungarn geboren, wo seine Eltern stationiert waren. Vater und Mutter waren Heiden, und der Knabe wuchs auch nach der Rückkehr der Familie nach Oberitalien in einer überwiegend heidnisch geprägten Umgebung auf. Gegen den Willen und zur Verblüffung

seiner Eltern ließ er sich, als er zwölf Jahre alt war, im christlichen Glauben unterweisen. Mit fünfzehn Jahren wurde er als Veteranensohn Offizier in der kaiserlichen Gardereiterei. Obwohl er zu dieser Zeit noch nicht getauft war, rühmte man schon die Reinheit seines Lebenswandels, welche er sich sogar inmitten der rauhen und lasziven Soldatenumgebung bewahrte. Vor allem aber flogen ihm wegen seiner beeindruckenden Nächstenliebe alle Herzen zu.

Die Legende erzählt, Martin habe einmal am Stadttor einen Bettler gesehen. Da er kein Geld bei sich hatte, nahm er seinen Mantel, teilte ihn mit dem Schwert in zwei Hälften und schenkte eine davon unter dem spöttischen Gelächter der anderen Soldaten dem Bettler. In der Nacht erschien ihm Christus, war mit jener Hälfte des Mantels bekleidet, die er dem zerlumpten Bettler geschenkt hatte und sagte: »Martinus, der noch nicht getauft ist, hat mich bekleidet.« Daraufhin unternahm Martin alles, um sofort die Taufe zu erhalten.

Kurz danach verließ er den kaiserlichen Dienst und begab sich nach Poitiers zu Bischof Hilarius, von dem er die niederen Weihen erhielt. Auf der Rückreise besuchte Martin seine Mutter und gewann sie zu seiner Erleichterung für den christlichen Glauben. Dann begab er sich auf die Gallinariainsel bei Genua, um dort einen langgehegten Wunschtraum zu verwirklichen: Er wollte das Leben eines Einsiedlers führen. Doch Bischof Hilarius rief ihn zurück. So reiste Martin wieder nach Poitiers. Um nicht auf die ersehnte Einsamkeit verzichten zu müssen, baute er in der Umgebung der Stadt eine Einsiedlerzelle. Durch den Zuzug vieler Heilsuchender und Studenten entstand an dieser Stelle bald das Kloster Ligugé, das Mutterkloster und Zentrum der gallisch-fränkischen Mönchsbewegung wurde und einen starken Einfluß auf die religiöse Entwicklung des Landes ausübte.

Als der Bischofsstuhl von Tours im Jahr 371 neu besetzt werden mußte, wurde Martin von der großen Mehrheit des Volkes und der Geistlichkeit zum neuen Bischof gewählt. Aus Bescheidenheit wollte Martin sich der Berufung entziehen und versteckte sich, wie die Legende berichtet, in einem Gänsestall. Die aufgescheuchten Tiere schnatterten jedoch so laut, daß sie den Heiligen verrieten. Er wurde ans Tageslicht geholt und mußte wohl oder übel das ihm übertragene Amt annehmen. Wie ein Vater sorgte er für das Wohl der ihm anvertrauten Menschen. Das ganze Land sprach von seiner Demut und Wohltätigkeit, von der Gnadenkraft seiner Wunderheilungen und seinen Dämonenaustreibungen.

Martin starb hochbetagt im Jahr 397 eines natürlichen Todes. Er ist einer der ersten Nicht-Märtyrer, denen die kirchliche Verehrung und Heiligsprechung zuteil wurde. Tausende von Kirchen und Klöstern, Städten und Burgen wurden nach ihm benannt. Sein Grab in Tours ist seit dem Mittelalter ein bekannter Wallfahrtsort. Mit Vorliebe suchte man seine Fürbitte gegen Hautausschläge aller Art. So gibt es ein altes Gebet »für die Flechten«, womit ein Hautleiden gemeint ist:

Im Namen der allerheiligsten Dreifaltigkeit
hilf, Gott der Vater,
hilf, Gott der Sohn,
hilf, Gott, der Heilige Geist,
und hilf, heiliger Martin mit der Gans.
Böse Flechten, geh wieder heim,
böse Flechten, geh in die Erde,
böse Flechten, geh in die Hölle.
Martin, Martin, steh mir bei;
daß mein Körper sauber sei!

Da sich Martin, wie seine Lebensbeschreibung beweist, nie gescheut hat, auch selbst mit Hand anzulegen, wenn es um das Wohl seiner Gemeinde ging, so hat er bei der einen oder anderen Wunderheilung auch Heilkräuter verwendet, deren Wirkungsweise er kannte.

Mauritius

22. September

anzurufen bei Gicht und Ohrenleiden;
früher auch gegen Besessenheit

Als Angehöriger der sogenannten »Thebäischen Legion« des römischen Heeres stammte Mauritius vermutlich aus Oberägypten. Für seine afrikanische Herkunft spricht auch, daß er schon auf den ältesten Darstellungen mit dunkler Hautfarbe wiedergegeben ist. Um 290 war er im Gebiet der heutigen Schweiz, östlich vom Genfer See, stationiert. Dort erhielt er von Maximian (Mitregent Kaiser Diokletians) den Befehl, gegen die ansässige Christenbevölkerung mit Waffengewalt vorzugehen. Mauritius, der wie viele andere Soldaten und Offiziere des römischen Heeres schon dem Christentum angehörte, weigerte sich, diesem Befehl Folge zu leisten. Daraufhin wurde jeder zehnte Soldat der Truppe hingerichtet. Doch noch immer bestand die Truppe auf ihrer Weigerung. Deshalb wurde das Verfahren der Dezimierung wiederholt. Da schrieb der mutige Mauritius einen Brief an den Kaiser, dessen ergreifender Wortlaut erhalten ist: »Wir sind deine Soldaten, o Kaiser! Doch wir sind auch Soldaten Christi. Wir erhalten von dir die militärischen Stellen, von Ihm aber die Unschuld der Seele. Du bezahlst uns die Mühen des Kriegsdienstes, doch Er gab uns das

Geschenk des Lebens. Niemals also, o Kaiser, können wir dir gehorchen, wenn Er uns zu gehorchen verbietet. Zu allem übrigen sind wir bereit: Zeige uns den Feind, und du wirst uns am Werke sehen. Unsere Arme sind nicht Arme von Henkersknechten, sondern Arme von Soldaten, sie verstehen es wohl, die Feinde des

Reiches zu bekämpfen, doch können sie nicht Unschuldige und Bürger töten. Um die Bürger zu verteidigen, nicht um sie zu ermorden, haben wir die Waffen ergriffen. Was hält uns unter den Fahnen? der Eid, den wir geschworen ... Christus haben wir unseren ersten Eid geschworen, Seine Soldaten waren wir eher als die deinigen. Unseren zweiten Eid haben wir dir, o Kaiser, geleistet. Und nun, wenn wir die Gott gegebenen Eide brechen, was bindet uns dann, jene zu bewahren, die wir den Menschen geschworen? Um uns sehen wir unsere Kameraden fallen, aber wir beweinen sie nicht. Im Gegenteil, wir freuen uns für sie und beneiden sie, daß sie Gott für würdig befunden hat, für ihn zu leiden und zu sterben. Fürchte endlich nichts, Kaiser, von unserer Verzweiflung. Wir haben wohl Waffen, doch werden wir sie nicht gebrauchen, nie werden unsere Schwerter dem Beile deiner Henker begegnen, wir lassen sie in der Scheide. Tu was du willst: Wirf Feuer in unsere Zelte, schicke eine ganze Armee Henkersknechte, um uns zu foltern, laß uns Mann für Mann töten, wir werden uns nicht einmal regen. Kurz, wir sind Christen. Niemals werden wir Bruderblut vergießen. Niemals werden wir den heidnischen Göttern opfern ...«

Der Kaiser mußte erkennen, daß er diese aufrechten, überzeugten Männer seinem Willen nicht gefügig machen konnte. Er ließ sie alle hinrichten. Mauritius und seine Gefährten gingen mit Christi Namen auf den Lippen in den Märtyrertod. Der Ort ihres Sterbens wurde bald schon eine Stätte der Verehrung, und über dem Grab des dunkelhäutigen Heiligen wurde eine Kirche errichtet. Es handelt sich dabei um die Abtei Saint Maurice, die es heute noch gibt und die – mehrmals umgebaut und erweitert – ein vielbesuchter Wallfahrtsort geblieben ist. Sogar Wunderheilungen traten hier ein. So wurde beispielsweise eine Frau, die jahrelang an Gicht gelitten hatte, so plötzlich geheilt, daß sie die Kirche aufrecht und ohne Schmerzen verließ.

Konsequenterweise wurde der heilige Mauritius deshalb zum Patron der Gichtkranken, doch er wird auch bei Ohrenleiden für zuständig erklärt, obwohl dieses Patronat aus seinem Lebenslauf und Wirken nicht so eindeutig abzuleiten ist. Seine Fürbitte erfleht man am besten mit Worten, die aus dem Herzen kommen, da es vorformulierte Gebete zum heiligen Mauritius kaum zu geben scheint.

Nepomuk (= Johannes von Nepomuk)

16. Mai

anzurufen gegen Mund- und Zungenkrankheiten sowie gegen das Ertrinken

Auf vielen Brücken, vor allem in Mitteleuropa, steht ein Standbild. Es zeigt einen Priester in barocker Amtstracht, der einen Finger auf die Lippen legt, sich selbst und anderen Stillschweigen gebietend. Es ist der Brückenheilige und Märtyrer des Beichtgeheimnisses, Johannes von Nepomuk, der zu den bekanntesten Heiligen unseres Kulturraums gehört.

Johannes wurde zwischen 1340 und 1350 in dem Dorf Pomuk bei Pilsen geboren. Er wurde in einem Zisterzienserkloster erzogen und studierte in Prag und Padua. Er empfing die Priesterweihe, wurde Pfarrer und Seelsorger in Prag und wurde schließlich in Padua zum Doktor des Kirchenrechts promoviert. Wegen seiner guten Charaktereigenschaften und großen Gelehrsamkeit ernannte ihn der Erzbischof zu seinem Privatsekretär. Außerdem lenkte Johannes durch seine außergewöhnlichen Predigten an der Teynkirche in der Prager Altstadt die Aufmerksamkeit auf sich.

Sogar König Wenzel IV. schätzte die Redegabe und Fähigkeiten des Priesters. Dieser nahm jedoch von allen Ämtern, die der König ihm übertragen wollte, nur ein einziges an: Er wurde der Beichtvater der Königin. Als es wenig später Auseinandersetzungen um Rechte und Besitztümer der Kirche gab, in denen sich Johannes als ebenso gerechter wie unbeugsamer Verteidiger des kirchlichen Standpunktes erwies, zog er sich den rasenden Haß eines Königs zu, der wegen seiner Trunkenheit unbeherrscht, aufbrausend und gewalttätig war.

Wie die Legende berichtet, kam es dann aus folgendem Grund zur Verhaftung des Priesters: Wenzel wollte von ihm, dem

Beichtvater seiner Gemahlin, erfahren, was diese im Beichtstuhl bekannt habe. Johannes wahrte das Beichtgeheimnis sogar in der Folter. Der König selbst soll sich so weit vergessen haben, daß er sich eigenhändig an den Folterungen beteiligte und den Priester, dem er sein Geheimnis nicht zu entreißen vermochte, mit Fackeln

gebrannt hatte. In einem Bericht, den der Prager Erzbischof wenige Wochen nach der Ermordung verfaßte, heißt es:

»Nachdem man ihm die Seiten so schwer verbrannt hatte, daß er auch ohne den gewaltsamen Tod hätte sterben müssen, wurde der ehrwürdige Doktor Johannes, mein geistlicher Vikar, in aller Öffentlichkeit durch die Straßen und Gassen der Stadt zur Moldau geschleppt und dort, die Hände auf den Rücken gebunden, die Füße mit dem Kopf wie ein Rad verknüpft und den Mund mit einem Holzpflock auseinandergespreizt, von der Prager Brücke hinabgestürzt und ertränkt.« Das war in der Nacht vom 20. zum 21. März 1393.

In der Legende heißt es, daß ein Lichtwunder anzeigte, wo man nach der Leiche des toten Heiligen zu suchen hätte, um sie beerdigen zu können. Eine andere Vision behauptet, die Moldau sei ausgetrocknet, um das Auffinden des ertränkten Priesters zu ermöglichen. Tatsache ist, daß er im Prager Veitsdom mit allen Ehren beigesetzt wurde und daß viele fromme Christen seither das Grab besucht haben. Als man den Sarkophag 1719 öffnete, war die Zunge des Heiligen unverwest. Sie wird seither in einem kostbaren Reliquiengefäß in der Domschatzkammer aufbewahrt. Seine Gebeine ruhen in einem Kristallsarg unter einem Grabmal aus Marmor und Silber. An der Prager Karlsbrücke zeigt eine rote Marmorplatte die Stelle an, wo der Heilige in den Tod gestürzt worden war.

Schon bei den Begräbnisfeierlichkeiten für den heiligen Johannes von Nepomuk, zu denen viele fromme Bürger aus Prag und der ganzen Umgebung gekommen waren, passierten so manche wundersame Dinge. Unter anderem wurde mehreren Kranken auf der Stelle ihre Gesundheit wiedergeschenkt. Auch in der Folge blieben Wunder für diejenigen nicht aus, die vertrauensvoll zum heiligen Johannes von Nepomuk, kurz Nepomuk genannt, beteten.

Heiliger Nepomuk,
der Du nicht geredet hast, als es galt, ein Geheimnis zu wahren,
bitte für mich!
Heiliger Nepomuk,
dessen Lippen auch unter der Folter versiegelt blieben,
bitte für mich!
Hilf, daß ich die Fähigkeit der Rede nicht verliere!
Nimm die Gabe der Sprache nicht von mir,
solange ich sie nicht für Verleumdung und Lüge mißbrauche.
Dank sei Dir, heiliger Nepomuk,
für Deine Hilfe und Fürbitte!

Daß der »Märtyrer des Beichtgeheimnisses« in erster Linie bei Mund- und Zungenkrankheiten als Fürbitter auftritt, hat sich durch das Auffinden der unverwesten Zunge im achtzehnten Jahrhundert bestätigt.

Nikolaus

6. Dezember

anzurufen bei Rheuma und Wassergefahr, auch gegen Unfruchtbarkeit in der Ehe

Sowenig über das tatsächliche Leben dieses Heiligen, der im vierten Jahrhundert Bischof von Myra war, verbürgt ist, so viele wunderbare Geschichten gibt es über ihn. Es wird erzählt, daß er schon als neugeborenes Kind aufrecht stehen konnte – zur großen Verwunderung seiner Eltern, die ihn erst nach langen unfruchtbaren Ehejahren bekommen hatten.

Eine realistischere Begebenheit ist vom erwachsenen Nikolaus überliefert. Er erfuhr, daß ein Nachbar, der drei schöne Töchter hatte, in Not geraten war und die Mädchen in ein Bordell stecken wollte. Da warf er nachts eine geldgefüllte Börse – eine andere Legende berichtet von einem goldenen Apfel – durchs Fenster in das Zimmer des ältesten Mädchens, damit es sich eine standesgemäße Aussteuer beschaffen und ehrenhaft heiraten konnte. Dasselbe machte er, in zwei weiteren Nächten für die beiden jüngeren Schwestern.

Bald darauf wurde er durch einen Fingerzeig des Himmels zum Bischof von Myra. Da sich die Geistlichkeit nicht darüber einigen konnte, wer den verwaisten Bischofssitz übernehmen sollte, beschlossen die Versammelten, ein Gottesgericht zu bemühen. Man einigte sich darauf, daß derjenige Bischof werden sollte, der am nächsten Morgen als erster die Kirche betrat. Natürlich war es Nikolaus, der in aller Morgenfrühe von Gottes Willen und seinem eigenen frommen Eifer in die Kirche geführt und somit zum Bischof ernannt wurde.

Die wundersamen Begebenheiten reißen damit nicht ab. Eines

stürmischen Tages erflehen Matrosen, die in Seenot geraten sind, seine Hilfe. Nikolaus erscheint persönlich auf dem von den Wogen bedrohten Schiff, besänftigt das tobende Meer und den stürmischen Himmel und rettet so die Schiffsmannschaft.

Zum Retter dreier Offiziere wird er in einer anderen Anekdote. Die drei Männer waren verleumdet und von Kaiser Konstantin zum Tode verurteilt worden. Im Kerker flehten sie den Bischof Nikolaus um Hilfe an. Darauf erscheint der Heilige dem mächtigen Kaiser Konstantin im Traum und veranlaßt ihn, das Urteil aufzuheben.

Warum der heilige Nikolaus immer wieder als Schutzpatron bedrohter Kinder verehrt und angerufen wird, könnte die folgende, makabre Geschichte erklären: Ein krimineller Gastwirt in Myra hatte drei Schüler getötet und in einem Faß als Pökelfleisch zubereitet. Als Nikolaus durch einen Engel von der Untat unterrichtet wird, erscheint er am Ort des Verbrechens, erweckt die Kinder zum Leben und bestraft den Wirt.

Die gedankliche Verbindung mehrerer Anekdoten – dieser von

der Rettung der drei Knaben, jener von der durchs Fenster geworfenen Börse und einer dritten, mit der er eine Hungersnot mit Gottes Hilfe abwendet – könnte zum neuzeitlichen Brauchtum des kinderbeschenkenden Bischofs geführt haben. Die Bestrafung der unfolgsamen Kinder ist dabei nicht Sache des wohltätigen Nikolaus. Deshalb wird er von Knecht Ruprecht begleitet oder von dem in den Alpenländern populäreren »Krampus«, der mit seiner Rute Angst und Schrecken unter den schlimmen Kindern verbreitet.

Der geschichtliche Bischof von Myra starb nach einer langen und segensreichen Zeit, in der er sein schweres Amt ebenso vorbildlich geführt hatte wie sein persönliches Leben, im Jahr 350. In seiner Heimat hatte man ja noch zu seinen Lebzeiten begonnen, ihn zu verehren. Demgemäß lag auch in den kommenden Jahren der Schwerpunkt seiner Verehrung im Osten. Aber schon im neunten Jahrhundert tauchten seine Gebeine in Bari (Apulien) auf. Im Jahr 1098 weihte Papst Urban II. die Krypta mit dem Schrein des Heiligen in der Basilika S. Nicola. Im zehnten Jahrhundert gelangte sein Kult auch nach Deutschland. Seit dem Spätmittelalter zählt Nikolaus zu den Nothelfern, dem neben dem Patronat für Seeleute und Gefangene auch noch eine Reihe anderer Patronate zufallen. In seinen Kultstätten wird immer noch und immer wieder um Kindersegen gebetet und die Erzählungen, wie bereitwillig er geholfen habe, sind mitunter neuesten Datums.

Auch bei Rheuma, heißt es, könne man sich vertrauensvoll an den Heiligen um Fürbitte wenden:

Lieber, heiliger Nikolaus,
hilf mir, sonst ist's mit mir aus.
Führ mich hin zu einer Fichte,
nimm mir meine Gichte,
Rheumatismus und das Reißen
sollen aus meinem Körper weichen.
In der Not bet ich zu Dir,
Nikolaus, so hilf Du mir!

Hier wird auf das entsprechende Volksheilmittel schon bei der Anrufung hingewiesen.

Die heilige Katharina und Barbara.
Mauerkirche St. Blasius in Kaufbeuren

Der heilige Martin. Lüftlmalerei von Zwinck in Bad Kohlgrub bei Oberammergau

Odilia

13. Dezember

anzurufen gegen Augenleiden und -krankheiten; auch gegen Kinderlosigkeit und als Retterin der »armen Seelen«

Um Odilias Leben und Wirken ranken sich viele Legenden. Geschichtlich nachgewiesen ist, daß sie die Tochter des elsässischen Herzogs Athich I. war, der im siebenten Jahrhundert als grausamer, jähzorniger Herr im Elsaß bekannt und gefürchtet war. Nach langer, kinderloser Ehe wurde ihm im Jahr 660 endlich ein Kind geboren. Aber es war nicht der ersehnte Stammhalter, es war ein Mädchen und – schlimmer noch – es war blind. Der Herzog war außer sich und befahl die sofortige Tötung des Kindes, dessen Gebrechen ihm schmachvoll erschien. Die Mutter jedoch sann auf Rettung ihres neugeborenen Kindes und übergab es einer treuen Dienerin. Bevor sie sich dazu entschloß, hatte sie schon manchen Zauber und einige, damals übliche, heidnische Rituale ausprobiert, um dem Kind das Augenlicht zu geben. Eine Beschwörungsformel aus jener Zeit gegen das »Fell (wie eine Trübung des Auges treffend genannt wurde) auf dem Aug« ist überliefert. Man mußte sich dreimal vor den zunehmenden Mond stellen und sagen:

Felle, du mußt vergehen wie die Sonne;
Felle, du mußt vergehen wie der Mond;
Felle, du mußt vergehen wie die Sterne.

Da diese heidnischen Methoden bei der Herzogstochter nichts fruchteten, brachte die Dienerin das Mädchen in ein Kloster, wo eine Freundin der Mutter lebte. Hier sollte das blinde Kind gepflegt und erzogen werden.

Nach einiger Zeit ereignet sich das erste Wunder: Bischof Erhard von Regensburg erhält im Traum den Auftrag, ins Frauenkloster Palma im Elsaß zu ziehen und dort ein blindes Mädchen zu taufen. Der Bischof gehorcht dem Traumgesicht, macht sich auf die Reise und spendet in Palma tatsächlich einer jungen Blinden das Sakrament der Taufe. In diesem Augenblick ereignet sich das zweite Wunder: Das Mädchen, das auf den Namen Odilia getauft wird, kann sehen. Für Odilia, die ohnedies nur das Klosterleben kennt, ist es ein selbstverständlicher Wunsch, daß sie zum Dank für ihre Heilung Nonne wird.

Bischof Erhard, der von dem Vorfall aufgewühlt und beeindruckt ist, besucht Odilias Vater und berichtet ihm von der Wunderheilung. Die Abneigung des gefühllosen Herzogs gegen sein unschuldiges Kind wird dadurch allerdings nicht gemildert. Odilia wendet sich daher mit der Bitte, in ihre Heimat zurückkehren zu dürfen, an ihren Bruder. Der grausame Vater ignoriert auch die Bitten seines Sohnes: Odilia muß im Kloster bleiben. Da beschließt der junge Mann, seine Schwester auf eigene Faust und ohne väterliche Zustimmung nach Hause zu holen. Als Herzog Athich von dieser Eigenmächtigkeit erfährt, ermordet er seinen eigenen Sohn in einem Wutanfall. Odilia darf zwar im Hause bleiben, wird aber wie eine Magd gehalten. Sie wird noch mehr gedemütigt, nachdem sie sich einer vom Vater gestifteten Heirat widersetzt hat. Eines Tages muß sie vor dem tobenden Athich die Flucht ergreifen. Während er sie verfolgt, tut sich ein Felsen auf, um die gehetzte, atemlose Odilia zu verbergen.

Jahre später, als der Herzog seine Kräfte schwinden und den Tod nahen fühlt, erfaßt ihn so etwas wie Reue. Er schenkt seiner Tochter, die ihm alle seine Untaten verzeiht, das Schloß Hohenburg, das Odilia in ein Nonnenkloster umwandelt. Nach Athichs Tod betet Odilia auf einem Felsen unermüdlich für das Heil seiner Seele. Schließlich erlebt sie den Trost einer Vision, die ihr zeigt, wie der Teufel die Seele ihres Vaters freigeben muß. Jahrhundertelang wurden fromme Wallfahrer zu den Steinen geführt, auf denen Odilia so lange gekniet hat, daß sich Vertiefungen gebildet haben.

Odilia stand ihrem Kloster viele Jahre in Weisheit und frommer Mütterlichkeit vor. Ihre besondere Fürsorge galt den Pilgern und Kranken, für die sie ein zweites Kloster am Fuß der Hohenburg gründete, um ihnen den steilen Aufstieg zu ersparen.

Wie ihre Geburt, ist auch Odilias Tod von Legenden umrankt.

Sie starb am 13. Dezember des Jahres 720, während die Nonnen beim Chorgebet waren. Die zurückgekehrten Schwestern klagten laut, weil ihre Äbtissin ohne die Wegzehrung der heiligen Kommunion ins Jenseits gegangen war. Aus Liebe zu den unglücklichen Schwestern kehrte Odilia nochmals ins Leben zurück. Sie erzählte, daß sie bereits an der Hand der heiligen Lucia, deren Fest an diesem Tag gefeiert wurde, in die himmlische Seligkeit hätte eingehen sollen, als man sie zurückrief. Dann ließ sie sich, um die

Nonnen zu beruhigen, Leib und Blut Jesu Christi bringen, reichte sich selbst die heilige Kommunion und starb – diesmal unwiderruflich.

Hohenburg wurde umbenannt in Odilienberg, und der 13. Dezember gilt seither auch als ihr Festtag, der nicht nur im Elsaß, sondern auch in Süddeutschland, Frankreich, Österreich und der Schweiz gefeiert wird. Ein Beweis für die Beliebtheit der Wallfahrtsstätte ist die Tatsache, daß sogar Kaiser Barbarossa den Odilienberg besuchte. Ursprünglich wurde Odilia vor allem als Befreierin der im Fegefeuer schmachtenden »armen Seelen« und als fromme Tochter, die ihren Vater aus den Klauen des Teufels rettete, verehrt. Darüber hinaus wurde und wird sie von Frauen angerufen, die Kindersegen erbaten, besonders dann, wenn man sich eine Tochter wünschte.

Vor allem aber gilt die heilige Odilia als »Heil der Blinden«. Damit wurde sie gewissermaßen eine Konkurrentin der Märtyrerin Lucia, die schon vor Odilia als »Augenheilige« angerufen worden war und deren Fest auf den gleichen Tag fällt: auf den 13. Dezember, einen Tag kurz vor der Wintersonnenwende, die die Rückkehr des Sonnenlichtes bedeutet.

Die Odilienverehrung erlebte ihre Hochblüte im vierzehnten Jahrhundert, als Kaiser Karl IV. Reliquien für den Prager Dom erbat und auch erhielt. Später fiel Odilia als »Patronin des Elsaß« auch noch eine politische Rolle zu: Sie wurde zum Symbol für die Einheit des Landes. Daß sie schließlich sogar in fernen Erdteilen verehrt wurde, ist der Wallfahrtskapelle St. Ottilien bei Eming in Oberbayern zu verdanken. Dort nämlich wurde der Orden der Missionsbenediktiner gegründet, die bald als »Ottilianer« vom segensreichen Wirken der Heiligen kündeten und sangen:

Nimm die Lampe, das Licht,
zeige uns Christus!
Lösche die Finsternis aus,
leuchte im Dunkel!
Daß nicht Nacht uns verwirrt,
helle die Pfade!

Wollte man etwa im ausgehenden Mittelalter die Hilfe der heiligen Odilia gegen eine Augenkrankheit erbitten, wurde neben vielen herkömmlichen Gebeten auch der folgende Augensegen gesprochen:

Ich beschwöre heute das Leiden
bei der Heiligen, die sich Christus weihte,
und bei der heiligen Maria, der Mutter des Herrn,
und beim heiligen Blut,
das aus unseres Herrn Seite rann,
und bei der heiligen Geburt,
und bei dem Heiligen Grabe,
und beim Jüngsten Gericht:
das Fell und der Schmerz und das Leiden
sollen abfallen!

Im Hinblick auf die Heilung Odilias während der Taufe wird auch heute noch dem Taufwasser eine heilkräftige Wirkung bei Augenkrankheiten zugeschrieben.

Pankratius

12. Mai

anzurufen bei Kopfschmerzen, Lungenkrankheiten, Krämpfen und für kranke Kinder

Eine der wenigen Legenden, die aus dem Leben des heiligen Pankratius überliefert sind, deutet darauf hin, daß er ritterlichen Tätigkeiten nicht abgeneigt gewesen ist. Es gibt nämlich im niederösterreichischen Ort Edlitz einen ihm geweihten Brunnen, der gemäß der Legende dort zu sprudeln anfing, wo die von Pankratius geworfene Lanze in den Boden fuhr. So gesehen ist es nicht überraschend, daß der heilsame Pankratius-Brunnen in erster Linie den Pferden zugute kam. Am Namenstag des Heiligen, am 12. Mai, sollen sie zu Tausenden an das sprudelnde Wasser geführt und damit besprengt worden sein. Vor allem die Augenwaschungen waren ein beliebter Bestandteil der Zeremonie.

Geschichtlich nachweisbar ist nur der Märtyrertod des Pankratius. In der diokletianischen Christenverfolgung wurde er eingekerkert und, weil er dem christlichen Glauben nicht abschwor, unter Gaius Galerius 304 enthauptet. Seine Reliquien gelangten nach Mitteleuropa, und der Ort Fügen im Tiroler Zillertal rühmt

sich, 1522 das Haupt des heiligen Pankratius von Ritter Waldauf erhalten zu haben. Allerdings weist man auch in der Lateranbasilika zu Rom das Haupt des Pankratius vor.

Abgesehen von den Anrufungen, die man für kranke Haustiere an den Heiligen richtet, zeugen in Fügen eine Reihe von Votivgaben davon, daß sich die Bevölkerung bei Lungenkrankheiten vertrauensvoll an Pankratius wandte. Es gibt nämlich mehrere aus Holz verfertigte Nachbildungen einer menschlichen Lunge, gleichzeitig auch Texte und Sprüche, die besagen, daß das Gebet erhört worden ist.

Besonderen Zulauf hat der Heilige immer und überall, wenn es um das Wohl der Kinder ging. Das fing schon während der Schwangerschaft an. Schwangere Frauen etwa unternahmen im vorigen Jahrhundert Wallfahrten ins badische Eschbach, um dort das Standbild des heiligen Pankratius zu berühren und um für eine leichte Geburt und Gesundheit für das erwartete Kind zu beten.

Lieber heiliger Pankraz mein,
in meinem Leib ein Kind wird sein.
Gib ihm deinen Segen fein,
laß es gesund und stark auch sein!

Wenn man für kranke Kinder zu einem Pankraz-Segensort wallfahrte, war es üblich, einen Laib Brot an der Heiligenstatue zu reiben und dieses Brot dann dem Kind zu essen zu geben. Gelegentlich berührte man das Standbild mit den Windeln, in die das Kind gewickelt wurde. Größere Kinder nahm man mit auf die Wallfahrt und ließ sie selbst Heiligenbilder oder Statuen berühren oder küssen. War ein Brunnen vorhanden, so mußten die Kinder auch einen Schluck des segensreichen Wassers trinken, von dem es hieß, daß es die Blähsucht vertreibe und das Kind von allerlei Leiden und dem nächtlichen Weinen heile.

Paulus

29. Juni

anzurufen bei Krämpfen und Schlangenbiß
sowie bei Gehörfehlern

Als Sohn eines jüdischen Ehepaares, das außerhalb Palästinas lebte, erhielt Paulus bei seiner Geburt um das Jahr 10 den Namen Saulus. Typisch für die versprengten jüdischen Familien war das strenge Festhalten an den herkömmlichen Traditionen. So schloß sich Saulus in seinen Entwicklungsjahren auch der strengsten Richtung des Judentums, den Pharisäern, an. Dabei war er von großer geistiger Beweglichkeit, wenn es um Fragen der Bildung ging. Er beherrschte die griechische Sprache und kannte die hellenistische Kultur. Mit seiner Mutter sprach er aramäisch, die heiligen Schriften las er in hebräischer Sprache, und von seinem Vater hatte er Kenntnisse des römischen Rechts erworben. Gleichzeitig erlernte er das Handwerk der Zelttuchweber, mit dem er später seinen Lebensunterhalt verdiente.

Um die Mitte des vierten Jahrzehnts schloß sich Saulus dem Christentum an und erhielt in der Taufe den Namen Paulus. Die Bekehrung erfolgte mit dem Erlebnis vor Damaskus (33/34 n. Chr.), wo er »zu Boden stürzte und hörte, wie eine Stimme zu ihm sagte: Saul, Saul, warum verfolgst du mich?« So wurde aus dem jüdischen Gesetzesfanatiker und Christenhasser einer der leidenschaftlichsten und treuesten Anhänger Christi und seiner Lehre, der sofort daranging, den Juden den wahren Glauben zu predigen. Diese wollten ihn daraufhin töten. Doch seine Freunde aus der Christengemeinde ließen Paulus nachts in einem Korb die Stadtmauer von Damaskus hinab, um ihm auf diese Weise die Flucht zu ermöglichen.

Seine Belesenheit und Sprachkenntnisse befähigten Paulus besser als die meisten anderen Anhänger Jesu, das Evangelium an Menschen verschiedenster Herkunft, Mentalität und Bildung zu übermitteln. Wie sehr er diese Missionstätigkeit als seine gottgewollte Aufgabe betrachtete, beweisen die ausgedehnten Reisen, die er trotz seiner körperlichen Schwäche und Kränklichkeit zu

diesem Zweck unternahm. Von vielen Orten, an denen er predigte, seien nur die wichtigsten Stationen genannt: Er fuhr nach Zypern und Kleinasien, nach Mazedonien und Griechenland, wobei er Athen und Korinth besuchte, und schließlich nach Ephesus, in das Zentrum der römischen Provinz Asia. Überall, wohin er kam, gründete er christliche Gemeinden, an die er seine berühmten Briefe richtete.

Im Jahr 58 wanderte er nach Jerusalem, wo er verhaftet und zwei Jahre lang eingekerkert wurde. Dann brachte man ihn nach Rom und milderte seine Strafe insofern, als er sich nun innerhalb bestimmter Grenzen frei bewegen durfte. Nach weiteren zwei Jahren, in denen er seine Missionstätigkeit in kleinerem Rahmen fortgesetzt hatte, wurde er vom Kaiser auf freien Fuß gesetzt. Paulus nutzte die Freiheit, um den Glauben im Westen und in den Ländern des Ostens zu verkünden. Kurz nach seiner Rückkehr nach Rom wurden er und Petrus, der hier als Bischof wirkte, von den Häschern Kaiser Neros gefangengesetzt und zum Tod verurteilt. Warum sich Paulus den kaiserlichen Haß zugezogen hatte, weiß die Legende:

Als Paulus eines Tages in Rom predigte, stieg Kaiser Neros Mundschenk auf ein Fenster, um ihn besser sehen zu können. Aber er verstand die Worte des Predigers nicht, schlief ein und stürzte zu Tode. Paulus erbarmte sich des Jünglings, erweckte ihn mit Gottes Hilfe zu neuem Leben und schickte ihn an Kaiser Nero zurück. Nero fragte ihn: »Was hat dich lebendig gemacht?« Der Jüngling erwiderte: »Jesus Christus der Herr, König der Ewigkeit.« Da wurde Nero eifersüchtig und ließ nach Paulus fahnden. Er unterzog ihn höchstpersönlich einem Verhör. Paulus lobte Jesus Christus über den Kaiser, so daß dieser noch wütender wurde und verfügte, alle Christen zu verbrennen. Paulus aber sollte enthauptet werden: »Schlagt ihm das Haupt ab, damit er sieht, daß ich mächtiger bin als sein König, und ich will sehen, ob er ewig leben wird.« Paulus antwortete, daß er dem Nero nach seiner Hinrichtung lebend erscheinen wolle, damit der Kaiser den wahren Herrscher der Welt und des Himmels erkenne. Danach wurde Paulus zur Richtstätte geführt. Er breitete die Arme aus, betete lange und nahm Abschied von den Umstehenden. Dann band er sich selbst das Tuch vor die Augen und legte seinen Kopf auf den Richtblock. Als sein Haupt von seinem Leib getrennt war, rollte es fort, und Paulus' Mund sagte mit klarer Stimme: »Jesus Christus«. Danach schlug es dreimal auf dem Boden auf, und jedesmal, wenn es den Boden berührte, entsprang eine Quelle. Vom Himmel aber strömte ein geheimnisvolles Licht, und überall verbreitete sich süßer Duft. Nero ließ sich berichten, was geschehen war.

Als er sich im Kreise seiner Höflinge befand, kam Paulus durch die verschlossene Tür und stellte sich vor den Kaiser hin, um ihn mit einer Lobrede auf Jesus Christus zu beweisen, daß er nicht tot sei. Dann verschwand er. Nero wurde durch diesen Vorfall von so großem Schrecken erfüllt, daß er den Verstand verlor.

Am Ort der Enthauptung des Paulus wurde die Kirche S. Paolo alle Tre Fontane errichtet, in der man heute noch den Richtblock vorzeigt, auf dem der Heilige getötet worden sein soll. Seine Verehrung wird in allen christlichen Ländern geübt und beschränkt sich durchaus nicht auf die ihm geweihten Kultstätten. Eine Reihe von Handwerkszünften hat ihn zu ihrem Patron gemacht. Seinen besonderen Schutz gewährt er bei Schlangenbissen und Krämpfen. Daß er überdies bei Gehörfehlern angerufen werden kann, ist möglicherweise aus der Legende von Neros Mundschenk, der Paulus' Predigt nicht hören konnte, abzuleiten.

Zu Paulus betet man in erster Linie um den rechten Glauben. Viele Einzelheiten seines ebenso gottgefälligen wie abenteuerlichen Lebens sind in der Apostelgeschichte ausführlich nachzulesen, wobei der Lektüre dieser schönen Bibelstellen gewiß Gebetcharakter zukommt.

Petrus

29. Juni

anzurufen gegen Fieber, Fußleiden und Schlangenbisse; früher auch gegen Besessenheit

Von allen Aposteln ist Petrus (sein ursprünglicher Name war Simon) nicht nur der bekannteste, sondern mit allen seinen Schwächen auch der menschlichste. Bevor er Jesus traf, war er ein Fischer am See Genezareth. Er war verheiratet und führte ein unauffälliges Leben. Als aber der Ruf des Gottessohnes an ihn erging, ließen er und sein Bruder Andreas alles im Stich und folgten ihm mit einer Begeisterung nach, die an vielen Stellen der Bibel nachzulesen ist. Trotz seiner Unbeherrschtheit – er schlug dem Malchus bei Jesu Gefangennahme ein Ohr ab – und seiner gelegentlichen Feigheit – er verriet den Herrn dreimal – zeichnete Jesu ihn oft und immer wieder besonders aus. Er machte ihn sogar zum Oberhaupt der Apostel und seiner Kirche mit den überlieferten Worten: »Du bist Petrus, das ist Fels, und auf diesen Felsen will ich meine Kirche bauen, und die Pforten der Hölle sollen sie nicht überwältigen.« Jesus übergab Petrus die Schlüssel des Himmelreiches: »Was du auf Erden binden wirst« sagte er, »wird auch im Himmel gebunden sein, und was du auf Erden lösen wirst, wird auch im Himmel gelöst sein.« Durch diese Worte wurde Simon zu Petrus und später zum ersten Bischof der christlichen Kirche in Rom.

Nach der Himmelfahrt Christi tritt Petrus wieder als Wortführer der Apostel in Erscheinung. Als erster hält er flammende Predigten, bekehrt die Heiden und bewirkt Wunderheilungen. Von seiner großen, gottverliehenen Wunderkraft wurde behauptet, sie sei so stark, daß die Kranken durch seinen bloßen Schatten gesund wurden. Auf seinen Missionsreisen durchwanderte er viele Länder und Städte, bis er schließlich nach Rom kam, das unter der Regierung Kaiser Neros als wahrer Sündenpfuhl verrufen war. Petrus gelang es, die christliche Gemeinde in Rom beträchtlich zu vergrößern. Er weihte dort auch die erste Kirche, in der sich die Christen regelmäßig versammelten. Zusammen mit dem heiligen Paulus wurde er im Zuge einer Christenverfolgung gefangengesetzt. Doch er bekehrte die Wärter, die daraufhin seine Ketten öffneten und ihn freiließen.

Kaiser Nero ließ es dabei aber nicht bewenden. Er wurde erneut verhaftet, eingekerkert, gefoltert und schließlich gemeinsam mit Paulus im Jahre 64 hingerichtet. Während Paulus als römischer Bürger galt und deshalb enthauptet wurde, wartete auf Petrus der Kreuzestod. Der Heilige bat, mit dem Kopf nach unten gekreuzigt zu werden, da er sich nicht dieselbe Todesart wie Jesus Christus anmaßen wollte. Über seinem Grab ließ Kaiser Konstantin I. die erste große Basilika errichten. Sein heutiges Aussehen erhielt der Petersdom, nach vielen Aus- und Umbauten, im siebzehnten Jahrhundert. Zur Ausstattung gehört unter anderen auch die Cathedra Petri, der angebliche Bischofsstuhl des Apostels.

Eine mittelalterliche Legende berichtet von der Ursache des Hasses, den Kaiser Nero gegen Petrus hegte: Damals trieb in Rom ein Zauberer sein Unwesen. Er hieß Simon und hatte mancherlei Tricks auf Lager. Simon schreckte nicht davor zurück zu behaupten, daß er Tote erwecken und Kranke heilen könne, daß er selbst unsterblich, ja, daß er Gott sei. Petrus durchschaute die Machen-

schaften des Betrügers, der nichtsdestoweniger Nero ans Herz gewachsen war. Schließlich kam es zu einem Duell der wunderbaren Kräfte, die die beiden Männer für sich in Anspruch nahmen. Der Zauberer Simon gab vor, einen jungen Mann, der eben gestorben sei, ins Leben zurückzurufen. Doch als der Scharlatan von der Bahre zurücktrat, war der Leichnam leblos wie zuvor. Petrus hingegen befahl dem Toten im Namen Jesu Christi: »Steh auf und wandle!« und das tat dieser tatsächlich. Simon gab sich jedoch noch immer nicht geschlagen. Vor einem staunenden Publikum wollte er beweisen, daß er fliegen konnte. Er stieg auf einen hohen Turm, stieß sich ab und erhob sich in die Lüfte. Nero war schon überzeugt, daß Simon gottgleich war. Da sprach Petrus: »Ich beschwöre euch, ihr Engel des Satans, die ihr ihn in der Luft traget, bei unserem Herrn Jesus Christus: Haltet ihn nicht mehr, sondern laßt ihn fallen!« Da mußten die bösen Geister ihn loslassen, und der Betrüger Simon stürzte vor aller Augen zu Tode.

Obwohl auf diese Art der Betrug Simons offenbar war, trauerte Nero doch um seinen schillernden Lieblingszauberer und rächte sich an den Aposteln, indem er sie einsperren und töten ließ.

Petrus, der selbst nicht ohne menschliche Schwächen war, hat für alle Anrufungen stets ein offenes Ohr. Als Krankheitspatron wird er bei Fieber, Fußleiden und Schlangebissen für zuständig erklärt. Früher rief man ihn auch um Hilfe an, wenn es darum ging, einen Besessenen zu heilen. Da es diese Bezeichnung für eine Erkrankung nicht mehr gibt, wurde das Patronat ausgedehnt auf alle Formen der Geistes- und Seelenkrankheit.

Diese Krankheiten wurden im Mittelalter als sogenannte »dämonische« bezeichnet und meistens durch eine Art der Teufelsaustreibung behandelt. Aus diesem halb christlichen, halb heidnischen Ritus ist eine Beschwörungsformel überliefert, die den heiligen Petrus als Helfer bemüht:

Gott der Herr und der heilige Petrus
gingen miteinander über die Haide,
da begegnete ihnen der Fieberkrampf.

Spricht Gott der Herr:
»Fieberkrampf, Fieberkrampf, wo willst du hin?«
»Ich will in das Haus brechen,
will Fleisch fressen, will Blut lassen,
will zwischen Vater und Mutter ein trauriges Herz machen.«
Spricht Gott der Vater:
»Fieberkrampf, Fieberkrampf, das sei dir verboten!«
Sagt Petrus der Knecht:
»Fahre aus diesem Kind
und komme zu diesem Kind nimmermehr!«

Anstelle einer direkten Anrufung des heiligen Petrus, der flehende Worte ohne Zweifel auch ohne Gebetsformel hört, sei hier ein für alle Märtyrer gültiger Kirchentext zitiert:

Allmächtiger, ewiger Gott,
Du hast den Märtyrern die Kraft gegeben,
Ihren Glauben an Christus durch Ihr Sterben zu bekennen.
Wir wissen, daß wir schwach sind, und bitten Dich:
Gib uns die Kraft, Deine Wahrheit durch unser Leben
zu bezeugen.
Wir preisen Euch, Ihr Boten des Glaubens.
Ihr habt nicht Not und Tod gescheut,
um die Freude den Völkern zu bringen
und die Freiheit der Kinder Gottes.
Gott hat sich in Euch verherrlicht;
Ihr seid in der Freude eures Herrn.
Bittet am Throne Gottes für uns.

Alte Chroniken erzählen, daß Petrus so manches Mal geholfen habe, wenn jemand seine Fürbitte bei hohem Fieber und anstekkenden Fieberkrankheiten erfleht hatte.

Sebastian

20. Januar

anzurufen bei Verletzungen; auch gegen Epilepsie und Seuchen, früher gegen die Pest

Der als Märtyrer verehrte Sebastian gehört zu den volkstümlichsten Heiligen. Er gilt als Patron zahlreicher Bruderschaften und Zünfte. Wie es oft bei sehr populären Heiligen der Fall ist, streiten sich um den Besitz seiner Reliquien verschiedene Orte, unter anderem das bayerische Ebersberg. Auch die Kunst hat das Thema des Sebastian-Martyriums immer wieder dankbar aufgegriffen

und in ihren verschiedenen Ausdrucksformen entsprechend variiert. Dabei sind die historischen Daten, die von dem heiligen Sebastian existieren, denkbar dürftig. Um so blumiger aber erzählt die Legende seine Geschichte:

Sebastian wurde in Narbonne geboren. Da seine Mutter Mailänderin war, wuchs er in dieser Stadt auf. Er wurde zum Waffenhandwerk erzogen, das er mit großem Geschick ausübte. Obwohl er außerdem ein eifriger Anhänger der christlichen Lehre war, wurde er wegen seiner Tapferkeit nach Rom berufen und erhielt den Posten eines Befehlshabers in der Prätorianergarde des Kaisers. Charakterlich bewährte sich der junge Offizier durch absolute Zuverlässigkeit inmitten eines Klimas von Verrat und Korruption. Gegen die Verseuchung des Soldatenlebens stärkte ihn sein Christentum, so daß er sich seine Reinheit ebenso bewahrte wie seine Hilfsbereitschaft und Aufgeschlossenheit für die Mitmenschen. Obwohl die Teilnahme an den Versammlungen der christlichen Gemeinde in Rom in einer Zeit wiederaufflammender Christenverfolgung unter Diokletian mit Lebensgefahr verbunden war, ließ sich Sebastian nicht abschrecken.

Da er Kraft seines Amtes Zugang zu den römischen Kerkern hatte, machte er auch von diesem Privileg Gebrauch, sprach den gefangenen Christen Mut und Trost zu. Der Kaiser sah in diesen provokanten Aktivitäten einen offenen Widerstand gegen seine Erlasse. Sebastian wurde verhaftet, man machte ihm den Prozeß und verurteilte ihn – da er standhaft blieb – zum Tod durch Erschießen, wie es einem hochgestellten Soldaten zukam. Er wurde ins flavische Theater geführt, wo die numidischen Bogenschützen so lange auf ihn schossen, bis er blutüberströmt zusammenbrach und jedermann annahm, er sei tot. Irene, eine fromme Witwe, die ihn begraben wollte, sah jedoch, daß er noch lebte. Sie nahm ihn mit sich nach Hause und pflegte ihn gesund.

Sebastian hielt sich auch nach seiner Rettung und Genesung nicht im sicheren Hintergrund. Wieder rief er in aller Öffentlichkeit für das Christentum und gegen die grausame Haltung des Kaisers auf. Der Herrscher erschrak, als er den totgeglaubten Sebastian wieder vor sich sah. Er zögerte nicht lange und ließ ihn von seinen Henkersknechten ein zweites Mal umbringen, diesmal durch Niederknüppeln bis zum tatsächlichen Tod. Den Leichnam warfen die Täter in die Große Kloake. Die Christin Lucina, der der Heilige im Traum erschienen war, holte ihn heraus und gab ihm ein christliches Begräbnis an der Stelle der Via Appia, die ihr das Traumbild angegeben hatte. Das geschah am 20. Januar des Jahres

288. Im vierten Jahrhundert erbaute Papst Damasus dort eine der sieben Hauptbasiliken, die heutige Kirche S. Sebastiano.

Zur Popularität des heiligen Sebastian gehört es, daß er bei verschiedenen Krankheiten und Nöten als Fürbitter angerufen wird. Seine Leidensgeschichte, in der ihm von Pfeilen so viele Verletzungen zugefügt wurden, macht das Patronat gegen Wunden jeder Art verständlich. Ebenso erklärt sich daraus das frühere Patronat gegen die Pest, da man sich nämlich vorstellte, daß Seuchen dieser Gefährlichkeit von den Dämonen des Teufels wie Pfeile auf die Menschen abgeschossen würden. Dieser Glaube schlug sich im folgenden alten Gebet nieder:

O heiliger Herr und Märtyrer St. Sebastian,
wie groß ist Dein Glaub',
bitt bei unserm Herrn Jesu Christ,
daß wir von den Plagen der Pestilenz,
von dem jähen Tod und von allen Gepresten
durch Dein Gebet und Verdienst erlöst werden. Amen.

Die Pest ist erloschen. Verletzungen, in denen die Fürbitte des heiligen Sebastian vonnöten ist, gibt es natürlich immer noch.

Stephanus

26. Dezember

anzurufen gegen Steinleiden; auch bei Kopfweh, Seitenstechen und für einen guten Tod

Das Fest dieses Heiligen fällt auf den zweiten Weihnachtsfeiertag, auf den sogenannten Stephani-Tag, der auch jenen Menschen ein Begriff ist, die im Kirchenjahr wenig bewandert sind. Der aus Jerusalem gebürtige Stephanus war der erste Christ, der nach der Kreuzigung Jesu den Märtyrertod erlitt. In der Apostelgeschichte wird beschrieben, wie es dazu kam:

Da die Apostel nach Jesu Tod dazu ausersehen waren, das heilige Wort zu verkünden, konnten sie sich nicht um das leibliche

Wohl der ihnen anvertrauten Gemeinde kümmern. Deshalb wählten sie sieben weitere Jünger, an deren Spitze Stephanus stehen sollte, »ein Mann, erfüllt vom Glauben und vom Heiligen Geist«. Überzeugt von seiner Sendung, gelang es dem mitreißend predigenden Stephanus, viele Heiden zum Christentum zu bekehren und unter dem Volk Wunder zu tun. Diese Konkurrenz erbitterte die Schriftgelehrten der Synagoge, und sie verleumdeten ihn beim Hohen Rat als Aufrührer und Gotteslästerer. Stephanus wurde also verhaftet und – wie sieben Monate vorher Jesus Christus – dem Hohen Rat vorgeführt, wo er sich verteidigen sollte. Seine Verteidigungsrede wurde zu einer flammenden Anklage, die in der Apostelgeschichte wiedergegeben ist. Er schloß mit den

Worten: »Ihr Halsstarrigen!... Welchen der Propheten haben eure Väter nicht verfolgt? Sie haben die getötet, die die Ankunft des Gerechten geweissagt haben, dessen Verräter und Mörder ihr jetzt geworden seid, ihr, die ihr durch die Anordnung von Engeln das Gesetz empfangen, es aber nicht gehalten habt!«

Nicht nur der Hohe Rat, auch die lauschende Volksmenge war erbittert und erzürnt. »Da erhoben sie ein lautes Geschrei, hielten sich die Ohren zu, stürmten gemeinsam auf ihn los, trieben ihn zur Stadt hinaus und steinigten ihn... Er aber betete und rief: Herr Jesus, nimm meinen Geist auf! Dann sank er in die Knie und schrie laut: Herr, rechne ihnen diese Sünde nicht an. Dann starb er.« Das geschah um das Jahr 40 n. Chr.

Unter den Zeugen dieser Tat stand Saulus, der ebenfalls zu jenen gehörte, die mit Eifer an den Christenverfolgungen teilnahmen. Er hatte auf die Oberkleider geachtet, die die Mörder abgelegt hatten, um besser werfen zu können. Unter dem nachwirkenden Eindruck dieses erschütternden Märtyrertodes entwickelte er sich zu jenem Paulus, der uns als Märtyrer und Leidensgefährte des Petrus schon begegnet ist.

Als erstem Blutzeugen Christi wird zu Stephanus in der Märtyrer-Andacht gebetet:

Wir gedenken der Zeugen Christi, die Ihr Leben gegeben haben für den Glauben. Sie erduldeten Spott und Schläge, Folter und Kerker. Sie wurden gesteinigt, verbrannt, zersägt, gekreuzigt, mit dem Schwert umgebracht, erschossen. Sie haben der Verheißung des Herrn geglaubt und wurden im Tod zu wahren Jüngern Ihres Meisters:
Heiliger Stephanus, erster Blutzeuge der Kirche, bitte für uns!

Daß Stephanus, der schon zu Lebzeiten Heilwunder vollbrachte, auch als Fürbitter nach seinem Tod vertrauensvoll angerufen wird, ist nur natürlich. Die Tatsache, daß man ihn gerade bei allen Steinleiden um seine Hilfe bittet, hat offensichtlich mit seiner Todesart zu tun, in gewisser Weise auch damit, daß er meist mit einem Buch, auf dem Steine liegen, dargestellt wird. Es ist aber nicht ungewöhnlich, daß der fromme Volksglaube Sachverhalte vereinfacht und Wirkungen in den Vordergrund stellt, wo der Blick auf die Ursachen fehlt.

Ulrich von Augsburg

4. Juli

anzurufen bei Cholera, Körperschwäche und heftigem Erbrechen, bei Fieber, Epilepsie und Tobsucht; ihn bittet man auch um eine leichte Sterbestunde

Der spätere Bischof von Augsburg entstammte einem ebenso vornehmen wie begüterten schwäbischen Adelsgeschlecht, das mit führenden Häuptern der Epoche verwandt und verschwägert war. Er wurde 890 in Augsburg geboren. Der schwächliche Ulrich wurde mit aller Sorgfalt erzogen und verblüffte bald mit einer unerwarteten Geistes- und Körperkraft. Seine Studien verbrachte der junge Ulrich im vornehmen Kloster St. Gallen. Anschließend wurde er Kämmerer beim Bischof von Augsburg. Unter dessen Nachfolger wollte er dieses Amt jedoch nicht mehr weiter ausüben. Er zog sich deshalb auf die Güter seiner verwitweten Mutter zurück und verwaltete sie, wobei er ein fast mönchisch-asketisches Leben führte.

Als er dreiunddreißig Jahre alt war, wurde ihm auf Betreiben seiner weitverzweigten Familie der Bischofsstuhl angetragen. Ulrich nahm die Würde dankbar an. Nun kamen ihm die fünfzehn Jahre seiner weltlichen Verwaltungstätigkeit ebenso zugute wie seine vorherigen theologischen Studien. Ulrich diente der Kirche nicht weniger gut als dem Reich, in dem er lebte. Zwei hervorragende Erfolge waren ihm beschieden: die Versöhnung von Otto I. mit seinem aufrührerischen Sohn Liutolf und die Verteidigung seiner Heimat gegen die Ungarn. Als nämlich 955 die wilden Horden aus dem Osten weit nach Süddeutschland vordrangen und Augsburg belagerten, stärkte Ulrich durch seine Ruhe und Sicherheit die Bürger der Stadt. Er rief die Männer zum Widerstand auf und leitete hoch zu Roß, ohne Helm und Harnisch, aber mit umgehängter Stola als Zeichen seines Priestertums, die Verteidigung. Seinem persönlichen Mut war es zu verdanken, daß das schwach befestigte Augsburg gegen die Übermacht des Feindes so lange standhielt, bis der herbeigerufene Otto mit seinem Heer anrückte und die Ungarn am 10. August auf dem Lechfeld in offener Feldschlacht vernichtend schlug.

Ulrich war mit Verantwortungsbewußtsein seiner Diözese und seiner Stadt ein halbes Jahrhundert lang Hirte und Vater. Vor allem auf die Wiederherstellung und Erhaltung des inneren und äußeren Friedens richtete er seine ganze Energie. Er berief regelmäßig Diözesansynoden ein, reiste in frommer Mission bis in die entlegensten Winkel des ihm anbefohlenen Landes, erteilte die Firmung und hielt geistliches Gericht. Wenn er einem Menschen

zu seinem Recht verhelfen konnte, scheute er keinen Zeitaufwand.

Er starb, mehr als achtzig Jahre alt, am 4. Juli 973. Auf seinen Wunsch hin wurde er in der Afrakirche in Augsburg bestattet, die nach seiner Heiligsprechung den Namen St. Ulrich und Afra erhielt.

Die Darstellung des heiligen Ulrich mit einem Fisch geht auf eine Legende zurück, die für sein Leben bezeichnend ist: Mit seinem Freund, dem Bischof von Konstanz, hatte er sich an einem Donnerstagabend zu einem Gespräch und einem Essen getroffen. Die Diskussion zog sich hin, die Mahlzeit auch. Als schon die Morgenstunden des Freitags angebrochen waren, trat ein Bote des Herzogs von Bayern ein und überbrachte einen Brief. Ulrich gab ihm zum Lohn ein Stück Fleisch, das auf dem Tisch lag. Der Bote war jedoch ein böswilliger Mensch, der sofort zu seinem Herrn eilte und ihm berichtete, daß der Bischof ein arger Heuchler sein müsse, weil er am Freitag Fleisch esse. Zum Beweis holte er das Stück Fleisch hervor, das Ulrich ihm gegeben hatte. Als es der Herzog anschaute, war es jedoch ein Fisch geworden. So wurde der Verleumder beschämt und die Ehre des Bischofs durch ein Wunder gerettet.

Ulrich, der wegen seiner Hilfsbereitschaft, Gerechtigkeit und Milde seit jeher ein bevorzugter Schutzheiliger für vielerlei Anliegen war, zeigte sich besonders gewogen, wenn er gegen Cholera und hartnäckiges Erbrechen um Hilfe gebeten wurde.

Vitus (= Veit)

15. Juni

anzurufen gegen Nervenzittern und Epilepsie (Veitstanz)

An diesem Märtyrerleben ist nur eine einzige Tatsache historisch verbürgt: die Tatsache, daß es überhaupt stattgefunden hat. Dafür sprechen die frühen Zeugnisse der Verehrung und die noch im vierten Jahrhundert niedergelegten Berichte. Aber wenn auch die meisten Erzählungen über das Leben und Sterben des heiligen Vitus, der auch »Veit« genannt wird, Legende sind, so könnten sie doch auch wahr sein. Auf jeden Fall war die ergreifende Geschichte des heiligen Vitus von jeher dazu angetan, die Phantasie zu beflügeln.

Gegen Ende des dritten Jahrhunderts wurde der kleine Vitus als Sohn einer reichen, aber noch heidnischen Familie in Sizilien geboren. Seine Amme Crescentia und der Erzieher Modestus unterrichteten ihn im christlichen Glauben, dem er mit allen Fasern seines kindlichen Herzens ergeben war. Als er sieben Jahre alt war, wollte ihn sein Vater zum Glaubensverrat zwingen, indem er ihn durch seine Knechte peitschen ließ. Doch als die Männer die Peitschen zur Züchtigung erhoben, wurden ihre Arme von einer Lähmung befallen. Als sie darüber klagten, sagte Vitus: »Wenn ihr an Jesus Christus, den einzigen Gott, glauben werdet, so werdet ihr auch durch ihn heil werden.« Dann betete er für sie, und sie wurden tatsächlich gesund.

Nun änderte sein Vater die Methode und sperrte seinen Sohn in ein Zimmer ein, das mit kurzweiligen Spielsachen angefüllt war. Als er durch einen Türspalt beobachten wollte, ob sich der Knabe durch das Spiel ablenken ließ, verbreiteten zwei Engel im Zimmer einen so hellen Glanz, daß er davon geblendet wurde und das Augenlicht verlor. Trotzdem trachtete der im wahrsten Sinne des Wortes »verblendete« Vater immer noch danach, seinen Sohn dem Christentum zu entfremden oder ihn, falls das nicht möglich sei, zu töten.

Deshalb erschien Modestus, dem Erzieher des kleinen Vitus, im Traum ein Engel und befahl ihm, mit Crescentia und dem Jungen zu fliehen. Dabei gerieten sie allerdings mitten hinein in die brutale, diokletianische Christenverfolgung und damit gewissermaßen vom Regen in die Traufe. Vitus predigte trotz seiner Jugend auch in der Fremde das Christentum. Er gewann viele Zuhörer und wirkte manches Wunder. Davon hörte auch der römische Kaiser, dessen Sohn von einem bösen Dämon besessen war. Er ließ Vitus holen und trug ihm auf, seinen Sohn zu heilen. Vitus erklärte: »Nicht ich bin es, der heilt, aber mein Herr.« Er legte dem besessenen Kaisersohn die Hand auf, der Dämon mußte entweichen, und er war gesund. Der Undank ist der Welt Lohn: Der Kaiser verlangte nun absurderweise vom Retter seines Sohnes, daß er die heidnischen Götzen anbete. Als er sich weigerte, ließ er ihn zusammen mit Modestus in den Kerker werfen, wo er mit Eisenketten gefesselt wurde. In der Nacht jedoch fielen die Ketten ab, und das Gefängnis erstrahlte in hellstem Licht. Nun befahl der

Kaiser, die beiden Gefangenen in einem Kessel mit siedendem Öl zu töten. Die Untat geschah, doch Vitus und sein Lehrer entstiegen auch dem Kessel, ohne den geringsten Schaden genommen zu haben.

Der Kaiser machte noch den Versuch, den Knaben mit Crescentia und Modestus den Löwen zum Fraß vorzuwerfen, was wegen der unbegreiflichen Friedfertigkeit der Raubtiere mißlingt. Die danach angeordnete Folterung scheitert an einem Unwetter, in dem sich Blitz, Donner und Erdbeben zur Rettung der drei Christen vereinigen. Schließlich werden die Märtyrer von einem Engel aus den Händen des Kaisers befreit und an einen friedlichen Fluß geführt, wo sie ausruhten und beteten und ihre Seelen Gott befahlen, der sie heimholte ins Paradies.

Das Martyrium des erst siebenjährigen heiligen Vitus ereignete sich um das Jahr 304. Seine Begräbnisstätte in Sizilien wurde erst mehrere Jahrhunderte später gefunden, seine Reliquien nach mehreren Zwischenstationen dem berühmten Kloster Corvey an der Weser geschenkt. Von dort wurde der Arm des heiligen Vitus nach Prag gebracht, worauf Herzog Wenzel ihm zu Ehren eine Kirche erbaute, die die Grundlage des späteren Veitsdomes wurde. Heute sind es nicht weniger als einhundertfünfzig Orte, die behaupten, im Besitz von Vitus-Reliquien zu sein.

Noch intensiver war die Verehrung des Heiligen im Mittelalter, als es gar mehr als tausend Kultstätten zu seinen Ehren gab. Er wurde in den innersten Kreis der Nothelfergruppe aufgenommen und im Gedenken der Heilung des Kaisersohns bei den sogenannten »dämonischen« Krankheiten angerufen. Eine bestimmte Form der Epilepsie wurde sogar mit dem Namen »Veitstanz« nach ihm benannt. Darüber hinaus sollte er auch gegen die Tollwut, hysterische Anfälle und Bettnässen schützen. So manches geplagte Kind hatte in früheren Jahrhunderten gebetet:

Heiliger St. Veit,
weck mi bei Zeit,
weck mi zur Stund',
wenn mi's Bisele akommt.

Walburga

25. Februar

*anzurufen bei Husten und gegen Hundebiß
und Tollwut; auch für kranke Kinder*

Die heilige Walburga wurde um 710 in England geboren. Sie stammte aus einer hochgestellten Familie, aus der bereits mehrere Heilige hervorgegangen waren. So wurde auch Walburga im südenglischen Kloster Wimborn erzogen und dem Klosterleben geweiht. Da ihre beiden Brüder Wunibald (Abt des Klosters Heiden-

heim) und Willibald (erster Bischof von Eichstätt) zur Missionsarbeit auf das europäische Festland gereist waren, leistete auch Walburga dem Ruf ihres Onkels, Winfrid-Bonifatius, Folge und verließ England. Wunibald machte seine Schwester zur Vorsteherin eines Frauenklosters, um 752 wurde sie Äbtissin eines von Wunibald gegründeten Doppelklosters in Heidenheim.

Die Äbtissin aus England bewies in ihrem neuen Amt großes Organisationstalent und eine ungewöhnliche Lehrbegabung. Sie verstand es, Menschen zu führen, ohne sie beherrschen zu wollen. Kein Wunder, daß sie für die ganze Umgebung bald zu einer vielgesuchten Beraterin und Helferin in leiblichen wie geistigen Nöten wurde. Das Volk sah schon zu ihren Lebzeiten zu Walburga wie zu einer Heiligen auf. Tatsächlich hatte sie die Gabe, Wundertaten zu vollbringen und scheinbar Unmögliches möglich zu machen. So wird berichtet, daß einmal ein Schloßherr ihren Beistand erbat, als seine geliebte, einzige Tochter todkrank war. Walburga kam noch in derselben Nacht in das Schloß, wo die Hunde im Hof wach wurden und sich wütend auf das Tor stürzten. Walburga zeigte keine Furcht, und die Hunde wichen tatsächlich zurück. Als sie in die Kammer geführt wurde, lag das kranke Mädchen bereits in den letzten Zügen. Walburga schickte die Eltern hinaus, warf sich auf die Knie und flehte zu Jesus, er möge seine Macht zeigen und der Kranken die Gesundheit zurückgeben, damit dadurch die Eltern und alle Bewohner der Gegend zur Erkenntnis des wahren Glaubens geführt würden. Der Herr erhörte das Gebet seiner Dienerin: Am Morgen war das Mädchen gesund. Die Eltern wollten Walburga reich beschenken, doch sie nahm nichts an. Ihre einzige Bitte ging nur dahin, daß man Gott lieben und ihm nach Kräften dienen möge.

Fast zwei Jahrzehnte lang leitete Walburga ihre beiden Klöster. Ihre Ordensschule gewann besonders unter den vornehmen Familien des Landes außerordentliche Anerkennung. Tief betrauert starb die fromme Äbtissin am 25. Februar 779 und wurde zunächst in Heidenheim bestattet. 871 überführte Bischof Otkar ihre Gebeine nach Eichstätt, wo sie noch heute ruhen. Seither unternehmen Gläubige Wallfahrten zu ihrem Grab. Aus der Steinplatte des Walburga-Schreins in Eichstätt tritt regelmäßig das sogenannte »Walburgisöl« aus, eine glasklare Flüssigkeit, die in kleine Fläschchen gefüllt wird. Auf die Fürbitte der Heiligen sind mit Hilfe dieses Öls viele glaubhaft bezeugte Heilungen, besonders an kranken Kindern, bewirkt worden.

Die heilige Walburga ist aber nicht nur eine Fürbitterin für kranke Kinder, sondern beschützt auch gegen Hundebiß und Tollwut. Ein weiteres Patronat gilt den Erkrankungen der Atmungsorgane.

Wolfgang von Regensburg

31. Oktober

anzurufen gegen Lähmung und Schlaganfall sowie bei Ruhr und Bauchbeschwerden; auch gegen Wunden, Grind und Blutfluß

Das Andenken an diesen großen Kirchenfürsten hat sich vor allem in Bayern und Österreich lebendig erhalten. Er entstammte einem schwäbischen Adelsgeschlecht und wurde in Pfullingen 924 geboren. Die Eltern erkannten schon bald seinen Lerneifer und seine tiefe, natürliche Frömmigkeit. Deshalb gaben sie ihn zur Erziehung in das Kloster Reichenau, dessen Schule berühmt war. Obwohl er am mönchischen Leben mehr Interesse hatte als an weltlichen Erfolgen, ließ er sich von seinem Freund Heinrich Graf von Babenberg, dem späteren Erzbischof von Trier, zu einem Schulwechsel überreden. Er ging mit Heinrich nach Trier und übernahm später die dortige Domschule, die unter seiner Führung einen ungeahnten Aufschwung nahm.

Nach dem Tod seines Freundes Heinrich folgte er seiner innersten Berufung: Er begab sich in ein Schweizer Kloster, um sein Leben in Einsamkeit und Meditation zu verbringen. Doch wieder gelang ihm nicht die Absage an die Welt, die ihm ein Anliegen war. Man vertraute ihm die Stiftsschule an, die bald großen Zulauf hatte und deren Schüler aus allen Teilen des Landes stammten. Als Bischof Ulrich von Augsburg das Kloster besuchte, lernte er den Lehrer, von dem er schon viel gehört hatte, persönlich kennen und weihte ihn zum Priester.

Als Priester-Mönch machte er sich auf, den heidnischen Ungarn das Evangelium zu predigen. Durch die Unruhen der Zeit war dieses Unternehmen allerdings zum Scheitern verurteilt. Dafür beugte er sich nun dem Bischof von Passau, der ihn dazu über-

redete, den verwaisten Bischofsstuhl von Regensburg zu übernehmen.

Seine Tatkraft und Milde, seine zu Herzen gehenden Predigten und sein bescheidener Lebenswandel trugen dem Bischof die Achtung der Höher- und Gleichgestellten und die Liebe des Volkes ein. Bezeichnend ist eine Begebenheit, die sein Biograph aus jener Zeit berichtet: Ein zerlumpter Armer hatte ein Stück des kostbaren, bischöflichen Bettvorhangs gestohlen. Ein Wächter entdeckte ihn und schleppte den Unglücklichen vor seinen Herrn. Wolfgang tadelte zuerst die Wächter, die ihrer Aufsichtspflicht so schlecht genügten und dadurch den Armen in Versuchung geführt hatten. Dann wandte er sich, von Mitleid bewegt, an den Armen, verzieh ihm und ließ ihm aus bischöflichen Beständen ordentliche Kleider holen.

Durch den kirchenpolitischen Weitblick Wolfgangs, der die Einheit des Staates nicht durch kleinliche Macht- und Besitzansprüche gefährden wollte, war es Kaiser Otto II. möglich, 976 das Bistum Prag zu gründen. Als bald darauf der Bayernherzog drohte, sich gegen Otto zu erheben, vermied es Wolfgang, Partei zu ergreifen, indem er sich ins Salzburger Kloster Mondsee und später in eine Einsiedlerklause am Abersee zurückzog. Ihm zu Ehren erhielt dieser See in späteren Jahren den Namen Wolfgangsee. Eine prächtige Kirche im Ort St. Wolfgang bezeichnet den Platz, an dem er als Einsiedler gehaust hat.

Nach der Beilegung des politischen Streites in seiner Heimat begleitete Wolfgang Kaiser Otto II. auf seinem Feldzug gegen Frankreich. Auf einer späteren Reise nach Österreich erkrankte der Bischof und starb schließlich im Jahr 994 in Pupping an der Donau. Der Leichnam wurde in feierlicher Prozession in das Kloster St. Emmeram in Regensburg überführt. Mehr als zweihundert Wunder, die der Heilige seither bewirkte, halten seine Verehrung und den Zulauf sowohl an sein Grab wie auch in die Kirche von Pupping und St. Wolfgang lebendig.

Wolfgangs Fürbitte wird angerufen, um einen Schlaganfall abzuwehren oder dessen Folgen zu lindern. Die Tatsache, daß er zu Lebzeiten einen Augenkranken von seinem Leiden heilte und eine

Besessene von ihrem Wahn befreite, vermittelte Wolfgang ein Patronat auch für diese Krankheiten. Er gilt aber als besonders verläßlicher Heiliger, wenn man den verschiedenen Bauchbeschwerden beikommen will.

Kolik gut,
Kolik in Deiner Wut,
ich beschwöre Dich bei Jesu Christi Blut
und bei St. Wolfgangs Bischofshut
Du wolltest ziehen von mir ab;
sonst bringst Du mich ins Grab.

Der heilige Nikolaus. Aus einem Blechschilderzyklus im Heimatmuseum Donauwörth

Das Martyrium des heiligen Vitus
in Wülfershausen an der Saale

Teil II:
Heilkräuter und Naturrezepte

Achtung: So wertvoll altbewährte Mittel der Naturheilkunde auch sein mögen, sollten sie doch immer nur als Ergänzung einer ärztlichen Behandlung angewendet werden.

Schon zu Lebzeiten der Heiligen waren viele Heilkräuter bekannt, die heute noch – oder erst recht – angewendet werden. Sozusagen als Anhang oder Ergänzung zu den Berichten über die Schutzpatrone der Kranken haben wir etwa vierzig Heilkräuter ausgewählt und einige ihrer Anwendungsmöglichkeiten bei den verschiedensten Krankheiten vorgestellt, die heute noch Gültigkeit haben. Es ist eine Tatsache, daß die Entwicklung der modernen Chemotherapie nichts daran hat ändern können, daß auch heute noch eine große Zahl unserer besten und wichtigsten Arzneimittel aus dem Pflanzenreich stammt.

Die Bedeutung der Arzneipflanzen hat in den letzten Jahren stark zugenommen. Wissenschaftler und Ärzte suchen immer häufiger und gezielter nach Naturstoffen, die die moderne Heilkunde bereichern können: »Zum Nutzen der Kranken nach bestem Vermögen und Urteil«, wie es der Arzt Theophrastus Paracelsus vor 500 Jahren schon ausgedrückt hat:

Du hast uns die Liebe als Arznei gegeben, o Gott, und willst, daß der Arzt in dieser Liebe eingeschlossen sei, um den Kranken zu heilen. So wie Deine Liebe kein Ende hat, soll auch unser Forschen und Dienen kein Ende haben. Ohne Deine Hilfe ist der Arzt machtlos, aber mit Dir vermag er das Höchste. Du bedienst Dich unser, weil Du selber gern im Verborgenen bleibst. Dein Wille ist, daß Du durch uns die Kranken heilst. Du gießest in das Herz ein Freude am ewigen Leben, und jeder, der an Dich glaubt, wird lebendig auferstehen und den Tod nicht schmecken. Du hast im Menschen die Kräfte aller Elemente geheimnisvoll zusammengefaßt, so wie ein Arzt, der aus den Säften der Kräuter die Kraft zum Heilen zieht. Laß mich alles zum Nutzen der Kranken nach bestem Vermögen und Urteil anordnen, alles Schädliche von ihnen fernhalten. Laß mich heilig und rein meine Kunst und mein Leben bewahren. Amen.

Alant

Das von Katharina von Siena und ihren frommen Gefährtinnen vorzugsweise angewendete Heilmittel war der Alantwein, mit dem man damals fast alle Leiden des Kopfes behandelte. Er hat aber auch eine hustendämpfende Wirkung und wird heute noch bei Husten, Keuchhusten, Asthma gerne angewendet:

- Schneiden Sie fünfzig Gramm frische, gewaschene Alantwurzeln in Scheiben und übergießen Sie sie mit der gleichen Menge Weingeist. Lassen Sie diesen Ansatz zwei Tage zugedeckt stehen, bevor Sie ihn mit einem Liter Weißwein auffüllen. Diesen Ansatz lassen Sie wiederum fünf Tage an der Sonne oder an einer besonders warmen Stelle stehen. Dann pressen Sie die Wurzeln aus und filtern die Flüssigkeit durch ein Leinentuch. Füllen Sie den Alantwein in eine saubere Flasche, und trinken Sie vorbeugend allabendlich ein Schnapsgläschen davon.

Augentrost

Ein altes, bewährtes Volksheilmittel ist ein Augentrostaufguß, mit dem noch heute müde oder entzündete Augen geheilt werden:

- Nehmen Sie einen Teelöffel getrockneten Augentrost. Überbrühen Sie ihn mit einem Viertelliter kochendem Wasser und lassen Sie den Aufguß ein bis zwei Minuten (nicht länger!) ziehen. Damit verfügen Sie über einen wirksamen Tee, den Sie bei Augenentzündungen und Erkältungen lauwarm und schluckweise trinken sollten.
- Sie können die lauwarme Flüssigkeit aber auch als Augenbad oder Umschlag verwenden. In diesem Fall ist es ratsam, den Aufguß für diese Zwecke noch mit einem Achtelliter abgekochten Wassers zu verdünnen. Geben Sie noch einige Salzkristalle dazu, dadurch wird der Aufguß mit dem Salzgehalt der Tränenflüssigkeit ausgeglichen.

Beinwell

Als gutes Rezept bei infektiösen Hautentzündungen kann folgender Umschlag empfohlen werden:

- Man machte einen warmen Breiumschlag aus den Wurzeln des Beinwell. Dazu mußten etwa drei Eßlöffel der getrockneten, gepulverten Wurzel in einer Keramikschüssel mit heißem Wasser zu einem Brei verrührt werden. Diese Masse strich man auf ein Leinenfleckchen und legte es auf die kranke Haut- oder Schmerzstelle. Nach etwa drei Stunden wurde die Auflage erneuert.

Diese Behandlung bewährt sich übrigens heute noch bei schmerzenden Narben, Zerrungen, Verstauchungen, Schwellungen, Gelenkschmerzen.

Benediktenkraut

Das Benediktenkraut, auch Benediktendistel, im gesamten Mittelmeerraum heimisch, aber auch nördlich der Alpen vorkommend, galt schon im Mittelalter bei den Kräuterkundigen als heilsam. Das Heilkraut wurde vor allem von den Mönchen des heiligen Benedikt – wie es der Name andeutet – verbreitet. Man wandte und wendet das Benediktenkraut innerlich wie äußerlich an: Bei allen Störungen des Verdauungstraktes und, da es eine deutlich blutverbessernde Wirkung hat, auch bei Hautschäden, die von einer schlechten Blutbeschaffenheit herrühren. Den Tee stellt man aus der getrockneten, kleingeschnittenen Pflanze her:

- Nehmen Sie zwei Teelöffel Benediktendistel und überbrühen Sie sie mit einem Viertelliter kochendem Wasser. Lassen Sie den Tee fünf Minuten ziehen, seihen Sie ihn ab und trinken Sie ihn schluckweise und ungezuckert.

In einem etwas stärkeren Aufguß können Sie die Körperteile baden, an denen sich erkrankte Hautstellen befinden. Falls sich offene, nässende Stellen zeigen, empfiehlt es sich, die Wunden durch das Bestreuen mit der getrockneten, gepulverten Pflanze trockenzulegen.

Birkenblätter

Birkenblättertee, einige Zeit hindurch regelmäßig getrunken, wirkt harntreibend, entgiftend und vermag sogar oft Nierensteine aufzulösen und Nierensand schmerzlos abzuleiten.

- Mischen Sie drei Teile getrocknete Birkenblätter mit zwei Teilen Quecke und einem Teil Ehrenpreis. Von dieser Kräutermischung nehmen Sie drei Teelöffel und überbrühen sie mit siedendem Wasser. Nach fünfminütigem Ziehen ist die Tagesmenge des Tees fertig, den Sie ungesüßt und schluckweise trinken sollen.

Eschenrinde

Ein altes Hausmittel gegen Erkältungskrankheiten, die mit hohem Fieber verbunden sind, ist die Eschenrinde, die als Ersatz für die exotische Rinde des Chinabaumes verwendet wurde.

- Setzen Sie einen Eßlöffel Eschenrinde mit einem halben Liter Wasser kalt an, lassen Sie es kurz aufkochen und drei Minuten ziehen. Trinken Sie diesen Tee über den Tag verteilt, ungezukkert und schluckweise. Er normalisiert die Körpertemperatur und stärkt die Widerstandskraft.

Ehrenpreis

Eine günstige Wirkung bei Fieber kommt unter den Pflanzen dem Ehrenpreis zu, von dem es in einem Kräuterbuch des sechzehnten Jahrhunderts heißt: »... eine fürtrefflich bewerte artzney für alle giftigen pestilenzischen fieber, Ehrenpreiswasser vertreibet den schwindel und bringt gut gedechtnus...«

Bei der nächsten Grippe können Sie die Probe aufs Exempel machen und neben den ärztlichen Anweisungen das folgende Rezept anwenden:

- Überbrühen Sie einen Teelöffel getrockneten Ehrenpreis mit einem Viertelliter siedendem Wasser, lassen Sie den Tee etwa fünf Minuten ziehen und seihen Sie ihn ab. Den bitteren Geschmack können Sie durch etwas Honigzusatz lindern.

Sie können sich aber auch eine Teemischung herstellen, die keinen Honigzusatz braucht, um schmackhaft zu sein:

- Mischen Sie zwei Teile Ehrenpreis mit einem Teil getrockneter Veilchenblüten. Von dieser Mischung nehmen Sie pro Tasse einen Teelöffel voll und stellen den Tee als Aufguß her. Lassen Sie ihn etwa fünf Minuten ziehen, bevor Sie ihn abseihen und, leicht gekühlt, trinken.

Fichtennadeln

Ein Volksheilmittel, auf das in der Anrufung an den heiligen Nikolaus direkt hingewiesen wird, sind die Fichtennadeln.

- Machen Sie im Frühjahr eine Rheuma- oder Gichtkur. Dazu benötigen Sie zwölf Tage hindurch täglich dreißig Gramm frische Triebspitzen von Nadelbäumen (Fichten, Tannen, Kiefern). Diese überbrühen Sie mit einem Liter siedender Milch, lassen sie eine Viertelstunde ziehen und seihen sie ab. Trinken Sie die Fichtenmilch schluckweise über den Tag verteilt.

Das ganze Jahr über können Sie auf Wunsch und bei Gelegenheit Bäder mit Fichten-, Tannen- und Kiefernnadeln nehmen.

- Geben Sie fünf Handvoll zerschnittene Nadeln in etwa fünf Liter heißes (nicht mehr siedendes) Wasser und lassen Sie diesen Aufguß eine halbe Stunde lang ziehen. Das Wasser sollte dabei so heiß wie möglich bleiben, aber nicht kochen. Dann seihen Sie den Nadelaufguß ab und setzen ihn dem Vollbad zu.

Haferstroh

Das folgende einfache Mittel stärkt überstrapazierte Füße und ist deshalb vor allem Wanderern und jenen zu empfehlen, die ihren Beruf überwiegend im Stehen ausüben.

- Nehmen Sie jeden Abend ein Haferstroh-Fußbad. Zu diesem Zweck kochen Sie ein dickes Bündel Haferstroh kurz auf und fügen den Absud Ihrem Fußbad bei. Dann stellen Sie die Füße ins Wasser und massieren darin einen Fuß mit dem anderen. Das belebt und beseitigt auch chronische Kälte in den Füßen.

Hauhechel

Die Behandlung von Nierenbeschwerden mit Hauhecheltee ist schon lange Zeit bekannt, hatte man doch die weitverbreitete Heilpflanze schon im Altertum in diesem Zusammenhang erwähnt.

- Nehmen Sie einen Eßlöffel der getrockneten, kleingeschnittenen Hauhechelwurzeln, setzen Sie sie mit einem Viertelliter Wasser kalt an und lassen Sie den Ansatz über Nacht stehen. Am Morgen kochen Sie die Flüssigkeit kurz auf und seihen sie ab. Trinken Sie täglich drei Tassen dieses Tees lauwarm und ungesüßt.

Er leitet Wasseransammlungen in den Geweben ab, beugt der Bildung von Nierengrieß und -steinen vor und lindert die Beschwerden, falls schon Steine vorhanden sind.

Himbeere

Wenn Sie einen Fieberkranken stärken und erfrischen wollen, gilt heute noch frisch gepreßter Himbeersaft als vorzügliches Mittel. Kein anderer Fruchtsaft vereint so vorzüglich den Anteil an wertvollen Mineralstoffen und Fruchtsäure. Als herzstärkend erweist

sich auch der sogenannte Himbeeressig, den man erhält, wenn man einen Teil Himbeersirup mit je zwei Teilen Apfelessig und abgekochtem Wasser mischt.

Ein volksmedizinisches Behandlungsmittel, dem bei Augenentzündungen eine gute Heilwirkung zugeschrieben wird, sind die in Honig zerriebenen Blüten der Himbeere, die man auf die entzündeten Stellen streichen soll.

Huflattich

Bei Erkrankungen der Atmungsorgane wirkt der Huflattich entzündungshemmend und schleimlösend. Man kann entweder den frisch gepreßten Saft der Blätter mit etwas Honig mischen und teelöffelweise einnehmen. Einfacher herzustellen und das ganze

Jahr über verfügbar ist ein Tee aus getrockneten Huflattichblättern:

- Überbrühen Sie fünf gehäufte Teelöffel der getrockneten Pflanze mit einem halben Liter siedendem Wasser, lassen Sie den Tee fünf Minuten ziehen und trinken Sie diese Menge über den Tag verteilt, warm und mit Honig gesüßt.

Johanniskraut

Johanniskraut, das schon im Altertum dank seiner Heilkraft bekannt war, entfaltet seine beste Wirkung im sogenannten Johannisöl:

- Füllen Sie eine Flasche bis zu einem Viertel ihrer Höhe mit Johanniskrautblättern und -blüten. Dann gießen Sie die Flasche bis zum Hals voll Olivenöl und verkorken sie. Stellen Sie sie an die Sonne oder an eine andere warme Stelle und schütteln Sie den Ansatz in den nächsten zwei Monaten mehrmals kräftig durch. Nach Ablauf dieser Zeit müßte das Öl leuchtend rot geworden sein. Filtern Sie es durch ein Leinentuch und füllen Sie es in eine dunkle Flasche, die Sie kühl aufbewahren sollten. Unter günstigen Lagerbedingungen hält sich dieses Mittel länger als ein Jahr. Sie können damit offene Wunden reinigen, schmerzstillende Auflagen machen und heilende Verbände anlegen.

Tee aus Johanniskraut regt vor allem die Drüsen der Verdauungsorgane an und bringt eine beruhigende Wirkung bei depressiven Zuständen. Auch Bettnässen kann mit Johanniskraut behandelt werden. Bereiten Sie folgenden Tee:

- Zwei gehäufte Teelöffel Johanniskraut auf zwei Tassen Wasser. Flüssigkeit zum Sieden bringen und etwa fünf Minuten ziehen lassen. Trinken Sie bei Drepressionen und hysterischen Zuständen zwei bis drei Tassen täglich.

Kamille

Die Kamille wird als die Königin unter den Heilpflanzen bezeichnet. Sie kann bei so vielen Krankheiten angewendet werden, daß wir uns hier nur auf Hinweise beschränken können. Die schmerzstillende, beruhigende und krampflösende Eigenschaft dieser Heilpflanze empfiehlt sich für eine Reihe von Beschwerden, um so mehr, als ihre Anwendung keine negativen Nebenwirkungen befürchten läßt, trotzdem sollte Kamillentee nicht täglich getrunken werden. Nicht wegzudenken ist die Kamille vor allem bei der Heilung von Magen- und Darmerkrankungen, wie sie bei Kindern so leicht auftreten. Besonders günstig wirkt sich eine doppelte Anwendung aus: Der Tee kann sowohl getrunken wie auch äußerlich als Auflage auf den schmerzenden Magen oder Bauch gelegt werden.

Auch die wohltuende, beruhigende schmerz- und krampflösende Wirkung von Kamillenbädern ist erwähnenswert:

- Kochen Sie ein Pfund Kamille in fünf Liter Wasser einmal auf, lassen Sie die Flüssigkeit eine Viertelstunde zugedeckt ziehen und fügen Sie den abgeseihten Absud dem Vollbad bei.

- Sitzbäder, die Sie natürlich mit einer geringeren Kamillendosis bereiten, bewähren sich bei Blasenleiden und Unterleibskrämpfen.

Klettenwurzel

Die heilende Wirkung des Klettenwurzelsaftes wird in der Volksmedizin bei vielen Arten von Hautleiden, Flechten, Ekzemen, Furunkeln und geschwürigen Ausschlägen angewendet. Bei einer innerlichen Klettenwurzelkur trinkt man drei Wochen hindurch täglich drei Tassen Klettenwurzeltee:

- Setzen Sie drei Teelöffel der frischen zerkleinerten Klettenwurzel mit einem halben Liter kaltem Wasser an, lassen Sie den Ansatz über Nacht stehen und kochen Sie ihn am Morgen kurz auf. Füllen Sie den Tee trinkwarm in eine Thermosflasche und verteilen Sie die angegebene Trinkmenge über den ganzen Tag.

Für die äußerliche Anwendung eignet sich sowohl der frische, aus den Klettenwurzeln gepreßte Saft, den man auf die kranken Hautstellen träufelt, wie auch die Klettenwurzelsalbe:

- Vermischen Sie einen Eßlöffel warmes Schweinefett mit derselben Menge Klettenwurzelsaft. Lassen Sie die Mischung unter ständigem Rühren mit einem Holzlöffel abkühlen und füllen Sie sie in ein lichtschützendes Keramiktöpfchen. Mit diesem salbenartigen Brei können Sie die kranke Haut, aber auch Schürf- und Brandwunden bestreichen.

Knoblauch

In der Volksmedizin wird der Knoblauch sicher schon seit 5000 Jahren angewendet, und dieses älteste Heilmittel hat bis heute seine Wirkung erhalten. Seine Anwendungsbereiche sind so zahlreich, daß hier nur einige genannt werden können.

Knoblauch hat vor allem antibiotische Eigenschaften, wird angewendet bei Verdauungsstörungen, Bronchitis, Muskel- und Gliederschmerzen, Bluthochdruck, Schlafstörungen und als Vorbeugung von Alterungsprozessen.

Als erste Hilfe gegen Stiche und Bisse von Insekten und Ungeziefern empfiehlt es sich noch immer, die Wunde mit reichlich Knoblauchsaft zu beträufeln, eine Knoblauchscheibe daraufzulegen und Knoblauchtinktur einzunehmen. Diese Tinktur können Sie selbst herstellen:

- Schälen und zerschneiden Sie ein halbes Pfund Knoblauchzehen und setzen Sie sie in einem Liter Kornbranntwein an. Lassen Sie diesen Ansatz zwei bis drei Wochen an einer sehr warmen, eventuell auch von der Sonne beschienenen Stelle stehen und schütteln Sie die verkorkte Flasche mehrmals täglich gut durch. Nach Ablauf der Ansatzzeit filtern Sie die Flüssigkeit durch ein Tuch (kein Metallsieb!) und bewahren Sie die Tinktur in einer frischen Flasche an kühlem Ort auf. So ist das Mittel bis zu einem Jahr haltbar.

In den Zeiten von Erkältungs- und Grippewellen sollten Sie vor jeder Mahlzeit zwölf Tropfen von dieser vielseitigen Tinktur vorbeugend einnehmen. Wenn Sie schon von einer dieser Krankheiten angesteckt sind, verdoppeln Sie die Dosis.

Königskerze

Wenn man die Königskerze untersucht, so finden sich eine ganze Reihe von Heilwirkungen, die ihr von alters her zugeschrieben wurden und nachweisbar sind. Nicht zuletzt ist der aus Königskerzenblüten zubereitete Tee eine besonders wirksame Hilfe bei der Bekämpfung aller entzündlichen Erkrankungen der Stimm- und Atmungsorgane:

- Setzen Sie einen Eßlöffel Königskerzenblüten mit einem halben Liter Wasser kalt an und lassen Sie sie über Nacht stehen.

Am Morgen seihen Sie den Ansatz ab und erwärmen die jeweilige Trinkmenge auf Körpertemperatur. Wenn Sie wollen, können Sie den Tee mit Honig süßen.

Hildegard von Bingen empfiehlt, Königskerzenblüten in leichtem Wein gekocht, auch als wirksames Mittel gegen ein trauriges Herz – eine »Krankheit«, die immer noch weit verbreitet ist.

Kümmel

Kümmel ist eines der ältesten Gewürze der Welt. Es fördert die Fettverdauung, ist magen- und gallefreundlich und verträgt sich mit vielen Speisen. In alten Klostergärten wurde er gezogen und auch von der Ärztin Hildegard von Bingen angewendet. Sie schreibt: »Für den Menschen, der dämpfig ist, ist er gut und nützlich und gesund zu essen, auf welche Weise er auch immer gegessen wird.«

Die Heilkraft des Kümmel ist ungebrochen. Blähungen, Magen- und Darmbeschwerden lassen sich mit Kümmeltee rasch beseitigen:

- Lassen Sie einen Teelöffel Kümmelkörner mit einem Viertelliter Wasser fünf Minuten lang kochen und ebensolange ziehen. Trinken Sie den Tee ohne Zusätze lauwarm und schluckweise. Bis zu drei Tassen ist die empfohlene Menge.

In der Volksmedizin wird Kümmeltee auch bei Frauenkrankheiten angewendet, weil er in dreifacher Hinsicht günstige Wirkungen hat:

- Er löst Gebärmutterkrämpfe vor und während der Monatsregel.
- Er bewirkt eine Lockerung der weiblichen Organe, wodurch die Wehen schmerzloser werden und der Geburtsvorgang rascher verläuft.
- Er fördert die Milchsekretion in der Stillzeit.

Labkraut

Seit dem Altertum wird das Labkraut dank seines hohen Gehaltes an Kieselsäure vorzugsweise bei vielen Arten von Zungen- und Mundkrankheiten verwendet. Am wirksamsten ist der frisch gepreßte Saft, mit dem man Bläschen in der Mundhöhle bepinseln und den man auf entzündete Stellen der Zunge streichen kann. Ein hervorragendes Hausmittel bei allen Entzündungen des Mundraums und der Zunge ist auch der Tee aus der getrockneten Pflanze:

- Nehmen Sie vier Teelöffel des kleingeschnittenen Labkrauts und überbrühen Sie es mit einem Viertelliter siedendem Wasser. Lassen Sie den Tee etwa zehn Minuten ziehen, und seihen Sie ihn dann ab. Er ist ein ausgezeichnetes Spül- und Gurgelmittel. Nehmen Sie einen Mundvoll des Getränks und lassen Sie es möglichst lang im Mund. Wiederholen Sie diesen Vorgang mehrmals und spülen Sie zuletzt mit Labkrauttee nach, den Sie durch abgekochtes Wasser stark verdünnt haben.

Lavendel

Aus der Heimat des Franziskus von Assisi stammt der Lavendel, eine vielseitige Heilpflanze, die sicher auch dem Heiligen zu seinen Lebzeiten manche Erleichterung gebracht hat. Denn der Lavendeltee wirkt wohltuend auf Milz, Leber und Galle und kann den Zustand bei einer beginnenden Wassersucht normalisieren. Innerlich und äußerlich in Form von Umschlägen und Einreibungen angewendet, hilft der Tee bei migräneartigen Kopfschmerzen und Schwindelgefühlen.

- Nehmen Sie zwei gehäufte Teelöffel getrocknete Lavendelblüten und überbrühen Sie sie mit einem Viertelliter siedendem Wasser. Lassen Sie den Aufguß fünf Minuten lang ziehen, seihen Sie ihn ab und trinken Sie ihn lauwarm und schluckweise. Sie können auch eine größere Menge Tee zubereiten und einen Teil davon für Waschungen und Umschläge verwenden.

Lavendel hilft aber nicht nur bei Kopfschmerzen, sondern wirkt auch beruhigend auf das ganze Nervensystem. Besonders wohltuend ist ein Lavendelbad.

Hildegard von Bingen schreibt dem Lavendel noch eine ganz besondere Wirkung zu: »Er bereitet reines Wissen und einen reinen Verstand.«

Lindenkohle

Die Linde liefert ein vorzügliches Mittel gegen fast alle leichteren Vergiftungen: die Lindenkohle. Sie wird sorgfältig aus Lindenholz hergestellt und muß heute gekauft werden. In gepulvertem Zustand vermag sie mehr als das Fünfzigfache ihrer eigenen Menge an Schadstoffen zu binden. Man nimmt sie deshalb bei akuten Vergiftungen am besten mit einem abführenden Tee ein, damit die Giftstoffe anschließend möglichst rasch abgeführt werden.

Bitte denken Sie aber daran, daß vermeintliche Vergiftungserscheinungen immer ein Anlaß sein sollten, den Arzt zu konsultieren. Volksheilmittel sind immer nur für den Hausgebrauch und für Störungen gedacht, die keinen akuten Charakter haben.

Löwenzahn

Das blühende Kraut und die besonders wertvolle Wurzel des Löwenzahns enthalten einen Reichtum an hervorragenden Heil- und Aufbaustoffen. Eine Verbesserung des Gesamtstoffwechsels, wie sie durch eine Löwenzahnkur bewirkt wird, beeinflußt unter anderem Gicht, Rheumatismus, Fettleibigkeit, Darmträgheit und das Blutbild positiv; Löwenzahn wird aber auch bei Gallensteinen und chronischer Hepatitis erfolgreich angewendet. Am wirkungsvollsten ist der aus der frischen, gewaschenen Wurzel gepreßte Saft, von dem man vier Wochen täglich mindestens drei Eßlöffel einnehmen sollte. Besonders im Winter wird man sich jedoch mit dem Tee begnügen müssen:

- Verwenden Sie eine Teemischung, in der getrocknete Blätter, Blüten und Wurzeln enthalten sind. Überbrühen Sie zwei Eßlöffel der Droge mit einem halben Liter Wasser und lassen Sie den Aufguß zehn Minuten ziehen. Nach dem Abseihen und

Abkühlen können Sie den Tee nach Geschmack mit frischem Bienenhonig süßen. Bewahren Sie den Tee in einer Thermosflasche auf, damit er nicht kalt wird. Trinken Sie die zubereitete Menge schluckweise über den Tag verteilt.

Nußbaumblätter

Ein Absud von frischen oder getrockneten Blättern des Nußbaums ist ein vorzügliches Gurgelmittel bei entzündlichen Prozessen im Hals und Rachenraum. Das Mittel bewährt sich auch bei Zahnfleischentzündung.

Odermennig

Wenn Sie Gliederschmerzen, deren Herkunft ungewiß ist, ohne schädliche Nebenwirkungen lindern wollen, halten Sie sich an eine Pflanze, die es in ganz Europa gibt: den Odermennig. Bei Rücken- und Kreuzschmerzen wird der folgende Tee in einer täglichen Menge von zwei bis drei Tassen empfohlen:

- Gießen Sie einen Eßlöffel des getrockneten, zerstoßenen Krautes von Odermennig mit einer Tagesmenge kochenden Wassers auf und lassen Sie den Tee acht Minuten ziehen. Seihen Sie die Flüssigkeit ab und trinken Sie sie über den Tag verteilt lauwarm und ungezuckert.

Anstelle einer Kur mit diesem Tee können Sie natürlich auch Auflagen und Umschläge mit Odermennig machen:

- Kochen Sie das zerkleinerte Kraut von Odermennig und ebensoviel Kleie mit etwas Weißwein zu einem dicken Brei. Diesen Brei legen Sie so warm wie möglich auf die schmerzenden Glieder und lassen ihn mindestens eine halbe Stunde einwirken.

Pfefferminze

Sucht man ein ungefährliches Hausmittel gegen Kopf- und Zahnschmerzen, aber auch bei Übelkeit und Brechreiz, das gleichzeitig erfrischend und belebend wirkt und auch eine Reihe anderer Beschwerden erfolgreich bekämpft, dann empfiehlt es sich, auf die krampflösende, schmerzstillende Pfefferminze zurückzugreifen:

- Bei Kopfschmerzen (wenn sie nicht von Fieber herrühren), machen Sie Umschläge mit einem leichten Absud der blühenden Pflanze, indem Sie zwei Teelöffel der frischen oder getrockneten, zerkleinerten Pflanze mit einem Viertelliter Wasser kalt ansetzen, einmal kurz aufkochen und abkühlen lassen. Tränken Sie ein Tüchlein mit diesem Absud und legen Sie es sich auf die Stirn. Dieses Verfahren können Sie bei Bedarf mehrmals wiederholen.

Dieser Absud eignet sich auch vorzüglich für Mundspülungen bei Zahnfleischentzündungen und wunden Stellen im Mundhöhlenbereich. Um Zahnschmerzen vorübergehend zu erleichtern, kochen Sie einen etwas stärkeren Pfefferminzabsud, kühlen ihn ab und behalten ihn solange wie möglich im Mund.

Ringelblume

Zur Wundbehandlung, bei Karbunkeln und Abszessen ist die Ringelblume (Calendula) ein wunderbares Heilmittel. Für Umschläge oder eine Kompresse bereiten Sie folgenden Tee:

- Ein Teelöffel getrocknetes Ringelblumenkraut mit einer Tasse siedendem Wasser überbrühen. Etwa 10 Minuten ziehen lassen und abseihen.

Ebenfalls gut geeignet zur Wundbehandlung wie auch bei Milchknoten und hormonell bedingten Verhärtungen der Brustdrüsen hat sich bei wiederholter Anwendung die sogenannte »Ringelrosenbutter« erwiesen:

- Zerquetschen Sie frische Blüten und Blätter der Ringelblume, vermengen Sie sie gut mit zerlassener Ziegenmilchbutter und füllen Sie das Ganze in ein Keramiktöpfchen.

Safran

Unter den vielerlei Mitteln, die der heilige Hieronymus anwandte, um sein Augenlicht solange wie möglich zu bewahren, waren auch Safranumschläge. Er hatte die Pflanze im Orient kennen und schätzen gelernt, wo man sie für die unterschiedlichsten Beschwerden, teilweise mit gutem Erfolg, einsetzte. Verwendet werden dabei ausschließlich die Stempelnarben der krokusähnlichen Blüte, deren chemische Zusammensetzung äußerst kompliziert ist.

- Geben Sie eine Messerspitze Safranpulver in einen Eßlöffel lauwarme Milch. Machen Sie damit einen Umschlag, den Sie eine halbe Stunde auf die Augen legen. Nach dem Entfernen des Umschlags waschen Sie die Augen mit Safrantee, für den Sie etwa zwölf Safrannarben pro Viertelliter Wasser im Aufguß verwendet haben.

Schachtelhalm

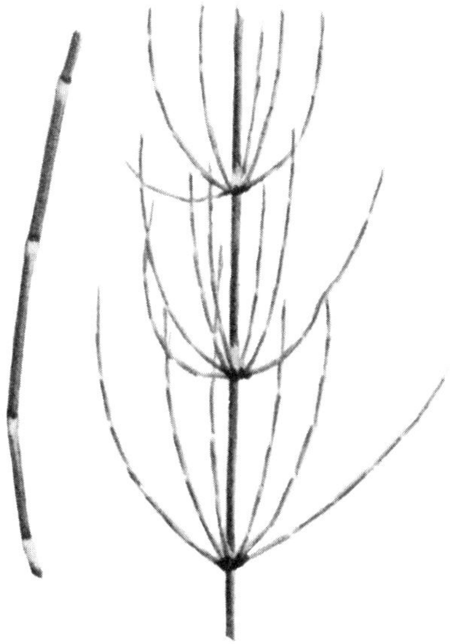

Pfarrer Kneipp hat die »vielseitige und vorzügliche Wirkung dieses Heilkrautes« besonders hervorgehoben. Mit Recht, denn seit dem Altertum bis in unsere Zeit hat der Schachtelhalm (auch Zinnkraut) nichts an Bedeutung in der Heilkunde verloren. Wegen seines hohen Gehalts an Kieselsäure wird er vor allem bei tuberkulosen Erkrankungen, chronischem Husten, Rheuma, Gicht, Nierenerkrankungen und als blutstillendes Mittel, zum Beispiel bei zu starken Monatsblutungen und Nasenbluten angewendet.

Bereiten Sie sich folgenden Tee:

- Setzen Sie zwei Teelöffel Zinnkraut mit einem Viertelliter Wasser kalt an, lassen Sie es kurz aufkochen und etwa 20 Minuten ziehen. Nach dem Abseihen und Auskühlen können Sie die Hälfte der Flüssigkeit sofort trinken, die andere Hälfte nehmen Sie schluckweise und über den Tag verteilt ein.

Bei schlecht heilenden Wunden, Schwellungen nach Knochenbrüchen, Beingeschwüren ist vor allem ein Schachtelhalm-Bad zu empfehlen:

- Lassen Sie 100 g Schachtelhalmkraut etwa eine Stunde in einem Liter heißen Wasser ausziehen und geben Sie den abgeseihten Sud Ihrem Badewasser zu.

Speik

Der Speik gehört in die Familie der Baldriangewächse und wirkt wie diese nervenberuhigend. Verwendet wird die Wurzel, die aber nicht vor dem 24. August gesammelt werden soll, wie es in der Anrufung an den heiligen Bartholomäus heißt.

Mit Hilfe dieser Wurzel können Sie den Speik-Wein herstellen, der sich den Berichten alter Kräuterbücher zufolge auf alle Nervenleiden günstig auswirkt.

- Kochen Sie einen Eßlöffel Speikwurzel in einem halben Liter sehr leichtem Weißwein einmal kurz auf und seihen Sie die Flüssigkeit durch ein Tuch. Von diesem Getränk trinke man täglich vor dem Schlafengehen ein kleines Glas voll. Damit werden sowohl die Nerven beruhigt und das Einschlafen erleichtert wie auch die Neigung zu Nervenkrämpfen und Gliederzittern abgebaut.

Spitzwegerich

Bei Husten, fiebrigen Lungen- und Bronchialleiden ist Spitzwegerich-Tee oder frisch gepreßter Saft besonders hilfreich.

- Ein Teelöffel getrocknete Spitzwegerichblätter wird mit einer Tasse kochenden Wassers übergossen. Etwa 10 Minuten ziehen lassen, abseihen, mit Honig süßen und zwei bis drei Tassen täglich trinken.

Tausendgüldenkraut

Ein besonders wirksames und heilkräftiges Mittel für alle Beschwerden des Verdauungstrakts ist das Tausendgüldenkraut, das auch in der Klosterapotheke des heiligen Wolfgang zu finden war. Es wirkt gärungshemmend, regt die Tätigkeit der Drüsen an, stärkt den Magen und beseitigt Verstopfung. Für die Teebereitung macht man am besten einen kalten Aufguß:

- Übergießen Sie einen gehäuften Teelöffel Tausendgüldenkraut mit einem Viertelliter kaltem Wasser und lassen es über Nacht stehen. Nach dem Abseihen erwärmen Sie die gewünschte Menge auf gute Trinkwärme und trinken den Tee vor dem Frühstück. Die restliche Menge heben Sie auf und nehmen Sie vor dem Abendessen, ebenfalls erwärmt und ungesüßt, zu sich.

Thymian

Schon die alten Ägypter kannten den Thymian, aber erst im elften Jahrhundert wurde die Pflanze auch bei uns bekannt. Ihre ätherischen Öle wirken krampflösend und desinfizierend und werden deshalb in erster Linie bei Husten und Heiserkeit, Magen- und Darmkatarrh angewendet. Zur inneren Anwendung wird folgender Tee bereitet:

- Zwei Teelöffel des getrockneten Thymians mit einer Tasse siedendem Wasser überbrühen, etwa fünf Minuten ziehen lassen, abseihen und nicht zu heiß schluckweise trinken.

Sehr wirksam bei Erkältungskrankheiten, Rheuma und Darmerkrankungen ist auch ein Thymian-Bad:

- Übergießen Sie etwa 100 g Thymiankraut mit einem Liter kochenden Wassers. Etwa 20 Minuten ziehen lassen, abseihen und dem Badewasser zugeben.

In so manchen Gegenden heißt der Thymian auch Kunigundenblume oder Kunigundskraut (nach der heiligen Kunigunde), und man verwendet das Kraut nicht nur als Gewürz- und Heilpflanze, sondern schmückt sich auch mit einem Sträußlein oder Kränzchen. Das bei Kinderwunsch verordnete Rezept war denkbar einfach:

- Eine Brühe, darin Thymian mitgesotten und davon wiederholt getrunken, stärkt den Magen und die Gedärme und öffnet die Verstopfung und den Darmausgang. Auch fördert die Brühe die Monatsregel der Frauen.

Veilchen

Die Bezeichnung »Pankratiuswasser« galt nicht nur dem wundersamen Brunnenwasser an den Kultstätten des heiligen Pankratius. Es bezog sich vielmehr auf den früher oft verwendeten Veilchentee, der eine beruhigende und krampflösende Eigenschaft hat. Er wird auch heute noch erfolgreich bei Halsentzündungen, Bronchitis, Husten, aber auch äußerlich gegen verschiedene Hautkrankheiten angewendet. Durch seine milde Wirkung ist er besonders gut für Kinder geeignet:

- Blätter und Blüten des Veilchens werden zerkleinert und getrocknet. Bei Bedarf überbrüht man einen Eßlöffel dieser Mischung mit einem halben Liter Wasser, läßt kurz ziehen und süßt den abgeseihten Tee nach Geschmack mit Honig.

Wacholder

Neueste wissenschaftliche Forschungen haben ergeben, daß die seit alters her bekannte harntreibende Wirkung des Wacholders bestätigt werden konnte. Dazu kommt eine hohe antiseptische Wirkung. Sebastian Kneipp hat Wacholder auch gegen Rheuma erfolgreich angewendet. Von ihm stammt das Kurrezept:

- Dreimal täglich eine Beere zerkaut schlucken. Jeden Tag die Menge um eine Beere steigern, bis man bei dreimal täglich 20 Beeren angelangt ist. Danach geht man zurück auf je eine Beere täglich, bis man wieder bei dreimal täglich eine Beere angelangt ist.

Das Kauen von Wacholderbeeren gilt in der Volksmedizin als bestes Vorbeugungsmittel gegen infektiöse Ansteckungen. Da man aber nicht das ganze Jahr über reife Wacholderbeeren auf Lager haben kann, empfiehlt es sich, sie zu einer wohlschmeckenden, vitaminreichen Marmelade zu verkochen:

- Lassen Sie ein Pfund Wacholderbeeren mit derselben Menge Zucker etwa zwanzig Minuten lang auf kleiner Flamme kochen und rühren Sie dabei öfter um, daß nichts anbrennt. Dann füllen Sie die Marmelade noch heiß in trockene Gläser, bedecken diese mit einem Tuch und verschließen sie erst nach dem Abkühlen.

Weinblätter

Ein Rezept aus der Zeit und Heimat Gregors des Großen, das gegen Gicht und Rheuma angewendet wurde, ist ein Tee aus Weinblättern und -ranken:

- Nehmen Sie zwei Teelöffel kleingeschnittene, frische Weinblätter und -ranken und überbrühen Sie diese mit einem Viertelliter kochendem Wasser. Lassen Sie den Tee fünf Minuten ziehen, seihen Sie ihn ab und trinken Sie ihn ungesüßt in kleinen Schlucken. Sie dürfen davon täglich etwa drei Tassen zu sich nehmen.

Weizenkleie

Bei der Behandlung von Verletzungen und Hautausschlägen entfaltet Weizen seine heilende Wirkung:

- Kochen Sie eine Handvoll Weizenvollmehl mit Wasser etwa drei Minuten. Nach dem Abkühlen auf Körpertemperatur mischen Sie einen großen Eßlöffel Honig in den Brei, den Sie warm auf Ausschläge, Hautunreinheiten auflegen können. Nach dem Eintrocknen waschen Sie die Auflage mit lauwarmem Wasser ab und wiederholen den Vorgang nach einer Stunde. Die Breiauflage wird je nach der Schwere des Ausschlags öfter wiederholt.

Wermut

Für Hildegard von Bingen war der Wermut »der wichtigste Meister gegen alle Erschöpfungen«. Heute wird die Pflanze vor allem bei folgenden Beschwerden angewendet: Magen- und Darmerkrankungen, Appetitlosigkeit, Blähungen, Völlegefühl, Verdauungsbeschwerden, Würmer, Rheuma, Arthritis und Arthrosen, auch gegen Menstruationsbeschwerden. Zur inneren Anwendung bereiten Sie sich folgenden Tee:

- Nehmen Sie einen Teelöffel des getrockneten Krautes, den Sie mit einem Viertelliter kochendem Wasser überbrühen und acht Minuten ziehen lassen. Zur äußeren Anwendung verwenden Sie den Teeaufguß oder eine Wermut-Tinktur bei Blutergüssen, Entzündungen und Geschwüren.

Bitte beachten Sie: Von einer Langzeitanwendung wird abgeraten. Das ätherische Öl des Wermuts enthält das Nervengift Thujon, das bei hoher Dosierung zu schweren Schäden führen kann. In diesem Zusammenhang wird vor allem vor Absinthschnaps gewarnt, bei dessen Herstellung Wermut verwendet wird.

Ysop

Schon in der Bibel wird diese Heilpflanze erwähnt, die durch ihre krampflösende Wirkung bei Darmkrämpfen, trockenem Husten, aber auch als Blasentee angewendet wird:

- Nehmen Sie zwei Eßlöffel getrocknetes Ysopkraut, übergießen Sie dieses mit einer Tasse kalten Wassers und bringen Sie die Flüssigkeit zum Sieden. Etwa fünf Minuten ziehen lassen, abseihen, mit etwas Honig süßen und bei Bedarf täglich zwei Tassen Ysoptee trinken.

Beruhigungstee

Eine Teemischung, die die Nerven stärkt, Nervosität abbaut, Nervenleiden günstig beeinflußt und deshalb auch in gewisser Weise für die Verhütung von Unfällen verantwortlich sein kann:

- Mischen Sie Baldrian, Engelwurz, Hopfenblüte und Rosmarin zu gleichen Teilen. Nehmen Sie von dieser Mischung einen gehäuften Teelöffel voll und überbrühen ihn mit einem Viertelliter kochendem Wasser. Lassen Sie das Getränk etwa acht Minuten ziehen, bevor Sie es abseihen und nach Geschmack leicht mit Honig süßen. Trinken Sie etwa drei Tassen täglich, am besten lauwarm und jeweils nach den Mahlzeiten.

Frauentee

Ein Teerezept, das seit altersher als »Frauentee« gegen alltägliche Frauenleiden wie Gebärmutterkrämpfe und chronische Entzündungen des Unterleibs bekannt ist und das sich schon in den Rezeptbüchern des Klosters St-Gilles findet:

- Setzen Sie drei Teelöffel getrocknete Mistelblätter mit einem Viertelliter Wasser kalt an und lassen Sie den Ansatz über Nacht stehen. Morgens bereiten Sie dann einen Teeaufguß aus einem Teelöffel Schafgarbe und einem Teelöffel Frauenmantel

und ebenfalls einem Viertelliter Wasser. Nachdem dieser heiße Aufguß etwa fünf Minuten gezogen hat, gießen Sie den abgeseihten Mistelansatz hinzu. Trinken Sie diese Teemischung tagsüber in kleinen Portionen und ungesüßt. Am besten ist es, sie in einer Thermoskanne aufzubewahren, damit sie nicht ganz kalt wird.

Nach einer Kur mit diesem Tee, deren Dauer zwei Wochen nicht übersteigen sollte, haben sich die Beschwerden bestimmt gebessert. Nach weiteren zwei Wochen kann die Kur im Bedarfsfall wiederholt werden.

Kalendarium

Monat/ Tag	Name	Anzurufen bei:	Seite
Januar			
17.	Antonius der Große	Hautkrankheiten und Entzündungen, früher auch gegen Pest und Epidemien	23
20.	Sebastian	Verletzungen, Epilepsie, Seuchen, früher auch gegen die Pest	144
Februar			
3.	Blasius	Kehlkopf und Halsleiden	44
5.	Agatha	Brustbeschwerden aller Art	17
9.	Apollonia	Zahnschmerzen, Kopfweh	26
25.	Walburga	Husten, gegen Hundebiß und Tollwut, kranken Kindern	155
März			
6.	Fridolin v. Säckingen	Arm- und Beinleiden, auch bei Wassergefahr	67
17.	Gertrud v. Nivelles	Gefahren der Reise, Fieber und Augenleiden	74

Monat/ Tag	Name	Anzurufen bei:	Seite
April			
23.	Georg	Fieber, früher auch gegen Fallsucht und Pest	71
29.	Katharina von Siena	Migräne, früher auch gegen Pest	101
Mai			
4.	Florian	Wasser- und Ertrinkungsgefahr, Brandwunden	61
5.	Godehard v. Hildesheim	Kinderkrankheiten, Gicht, Rheuma, Nierenleiden, schwere Geburt	77
12.	Pankratius	Kopfschmerzen, Lungenkrankheiten, Krämpfe, kranken Kindern	133
16.	Nepomuk (= Johannes v. Nepomuk)	Mund- und Zungenkrankheiten, gegen Ertrinken	123
20.	Bernhardin von Siena	Heiserkeit, Brustkrankheiten, Blutfluß	41
Juni			
13.	Antonius von Padua	leichte Entbindung, Kinderlosigkeit, Fieber, Augenleiden, aber auch zum Wiederfinden verlorener Gegenstände	20

Monat/ Tag	Name	Anzurufen bei:	Seite
Juni			
15.	Vitus	Nervenzittern, Epilepsie (Veitstanz)	151
24.	Johannes der Täufer	Epilepsie, Krämpfen und Schwindelanfällen, Furcht und Kinderkrankheiten	96
27.	Hemma von Gurk	für glückliche Entbindung, Augenleiden	82
29.	Paulus	Krämpfen, Schlangenbiß, Gehörfehlern	136
29.	Petrus	Fieber, Fußleiden, Schlangenbiß, früher auch gegen Besessenheit	139
Juli			
4.	Ulrich von Augsburg	Cholera, Körperschwäche, heftigem Erbrechen, Fieber, Epilepsie, für eine leichte Sterbestunde	149
11.	Benedikt von Nursia	Vergiftung, Nierensteine, Fieber, entzündlichen Krankheiten und der sogenannten »Rose«	36
13.	Kunigunde	Kinderlosigkeit	107
20.	Margareta v. Antiochia	Fehlgeburt und Unfruchtbarkeit, für leichte Entbindung, Gesichtsverletzung und -krankheit	115

Monat/ Tag	Name	Anzurufen bei:	Seite
Juli			
24.	Christophorus	gegen plötzlichen Tod, Epilepsie und anderen Nervenleiden, Muskelschwund, früher gegen die Pest	46
August			
8.	Dominikus	Fieber	55
10.	Laurentius	Brandwunden, Rückenschmerzen, zur Kühlung der Hitze bei Fieber	111
20.	Bernhard v. Clairvaux	Besessenheit, Geisteskrankheit	38
24.	Bartholomäus	Nervenkrankheit, Zuckungen, Hautleiden	34
28.	Augustinus	Augenleiden	27
September			
1.	Ägidius	Stillschwierigkeiten, Epilepsie, Aussatz, Gebärmutter- und Ohrenleiden, Krebs	15
3.	Gregor der Große	Gicht, früher auch gegen die Pest	79
16.	Cyprian von Karthago	Epidemien und Seuchen, früher auch gegen die Pest	50
17.	Hildegard von Bingen	allen Leiden und Krankheiten	86

Monat/ Tag	Name	Anzurufen bei:	Seite
September			
18.	Lampert von Maastricht	Nierenleiden	109
22.	Mauritius	Gicht, Ohrenleiden, Besessenheit	120
26.	Kosmas und Damian	Drüsenleiden, Geschwüren, Epidemien	105
30.	Hieronymus	Augenleiden, drohender Erblindung	83
Oktober			
4.	Franziskus von Assisi	Erkrankungen von Magen, Milz, Leber, Kopfschmerzen, früher gegen die Pest	64
9.	Dionysius	Kopfschmerzen	53
17.	Ignatius von Antiochia	Halsweh, Hautausschlag	91
31.	Wolfgang von Regensburg	Lähmung, Schlaganfall, Ruhr, Bauchbeschwerden, Wunden, Grind, Blutfluß	157
November			
3.	Hubert von Lüttich	Hund und Schlangenbiß, Tollwut, Geisteskrankheit, krankhafte Wasserangst	89
6.	Leonhard von Noblac	für eine gute Entbindung, gegen langes Siechtum, Kopfschmerzen	113

Monat/ Tag	Name	Anzurufen bei:	Seite
November			
11.	Martin von Tours	Ausschlägen, Rotlauf, Blattern, Blähungen, vielerlei Übel	118
19.	Elisabeth von Thüringen	Zahnschmerzen	58
23.	Klemens	Kinderkrankheiten, Verdurstungsgefahr	103
25.	Katharina von Alexandria	Zungenkrankheiten, gegen Unfall, Fehlgeburt und für eine glückliche Entbindung	97
26.	Gebhard v. Konstanz	Halskrankheiten und für eine gute Entbindung	69
Dezember			
4.	Barbara	Fieber, auch bei jeder Art von Lebensgefahr und gegen einen plötzlichen Tod	30
6.	Nikolaus	Rheuma, Wassergefahr, gegen Unfruchtbarkeit in der Ehe	126
13.	Odilia	Augenleiden und -krankheiten, Kinderlosigkeit	129
26.	Stephanus	Steinleiden, Kopfweh, Seitenstechen, für einen guten Tod	146
27.	Johannes, Apostel	Vergiftung, Brandwunden	93

Bildquellen

Barbara. Holzschnitt von Anton Koberger, 1488. Seite 31

Christopherus. Holzschnitt von 1423 aus dem Kloster Buxheim. Seite 47

Florian. Holzschnitt um 1440. Seite 62

Gertrud von Nivelles. Abbildung aus der Beuroner Schule. Seite 75

Leonhard. Holzschnitt aus dem Mirakelbuch von Inchenhofen, 1593. Seite 113

Walburga. Nach einem Stich von Ludwig Seitz. Seite 155

Wundertätiges Gnadenbild auf dem heiligen Berg Andex. Andachtsbild von Joseph Anton Zimmermann (1705–1797). Seite 14

Lukas Cranach d. Ä. (1472–1553). Seite 139, 158

M. Rahoult, Stahlstiche aus »Vies des Saints«, Tours 1873. Seite 20, 24, 26, 28, 39, 45, 51, 59, 65, 71, 84, 89, 95, 98, 101, 103, 118, 121, 124, 127, 144, 147

Die Abbildungen der Heilkräuter auf den Seiten 163 bis 200 wurden dem Büchlein »Heilpflanzen« aus dem Delphin Verlag, München, entnommen.